CB012695

Coleção
Emilio Salgari

1. SANDOKAN
2. A MULHER DO PIRATA
3. OS ESTRANGULADORES
4. OS DOIS RIVAIS
5. OS TIGRES DA MALÁSIA

OS DOIS RIVAIS

Coleção
Emilio Salgari

Vol. 4

Tradução e Revisão
Ana Andrade

Villa Rica Editoras Reunidas Ltda
Belo Horizonte
Rua São Geraldo, 53 - Floresta - CEP 30150-070 - Tel.: (31) 3212-4600
www.villarica.com.br — e-mail: vilaricaeditora@uol.com.br

Emilio Salgari

OS DOIS RIVAIS

VILLA RICA
Belo Horizonte

FICHA CATALOGRÁFICA

S164d.Pa
Salgari, Emilio
Os dois rivais / Emilio Salgari ; tradução de Ana Andrade . —
Belo Horizonte : Villa Rica Editoras , 2010. 168 p. —(Obras
Emilio Salgari, 4)

Título original: Los dos rivales

1.Literatura italiana. I. Andrade, Ana. II.Título original: Los
dos rivais. III.Título.IV.Série.

CDU 821.131.1

2010

Direitos de Propriedade Literária adquiridos pela
VILLA RICA EDITORAS REUNIDAS LTDA
Belo Horizonte

Impresso no Brasil
Printed in Brazil

ÍNDICE

Sinais de Tormenta 9

O Furacão 17

Surama é Sequestrada 27

A Chegada à Torre 36

Uma Armadilha Inesperada 45

O Prisioneiro 55

Na Ilha 67

A Catástrofe 76

O Esconderijo dos Estranguladores 86

Uma Feroz Investida 95

A Catástrofe 104

Perseguindo Suyodhana 112

A Revolta Hindu 120

Preparativos para a Fuga 134

Uma Perseguição Implacável 144

A Entrada em Délhi 153

O Assalto a Délhi 157

Conclusão 165

I

SINAIS DE TORMENTA

Sandokan e Yáñez, os temíveis piratas, chefes dos tigres de Mompracem, encontravam-se na Índia para livrá-la dos tugues, os sanguinários fiéis da odiosa deusa Káli, que dizimavam a população.

O bengalês Tremal-Naik, a bela bailarina Surama e o oficial De Lussac conheciam bem os métodos empregados pelos estranguladores. Eles encontravam-se na tenda do Tigre da Malásia, para tratarem da campanha que iam empreender.

— Os tugues — disse Sandokan, — adivinharam, ou pelo menos suspeitaram, dos nossos propósitos, e estão nos vigiando.

— Quanto a isto não temos a menor dúvida — completou Yáñez.

— Também penso assim — replicou Tremal-Naik.

— Teremos sido traídos por alguém?

— Mas quem?

— Não podemos nos esquecer que os tugues têm espiões em todas as partes, e sua organização é surpreendente — disse Tremal-Naik. — É possível que tenham podido comunicar nossa marcha aos homens que se encontram na selva.

— É possível, sahib — afirmou Surama. — Eles têm um serviço de vigilância, denominado "negro", integrado por homens astutos e de habilidades extraordinárias.

— Sabem o que deveríamos fazer? — perguntou Sandokan a eles.

— Diga-nos — respondeu Yáñez.

— Deveríamos nos dirigir imediatamente para Raimangal e nos distanciarmos o mais possível de nossos inimigos. Ali tentaremos contatar com os encarregados do parau, e então atacaremos os tugues antes que tenham tempo suficiente para reorganizar a resistência ou fugir, levando consigo a filha de Tremal-Naik.

Após um breve momento, Sandokan acrescentou:

— Partiremos por volta das quatro da manhã. Agora, aproveitemos o tempo e descansemos, pois não sabemos o que iremos enfrentar.

Yáñez acompanhou Surama até a tenda que lhe fora destinada. Depois dirigiu-se à sua, dentro da qual, profundamente adormecido, encontrava-se um oficial.

— O senhor De Lussac está num sono profundo! Vou acompanhá-lo.

Às quatro da manhã, o primeiro cornaca já dava o toque da alvorada.

Os elefantes já se encontravam preparados para a viagem, e os malaios estavam ao redor do merghee.(Os asiáticos reconhecem duas espécies entre seus elefantes. Uma é conhecida como "comareah", sendo um animal compacto, forte, com costas largas e pernas curtas. Os "merghee" são mais altos, têm pernas mais compridas e são capazes de aguentar situações mais extremas.)

O senhor De Lussac, dirigindo-se a Yáñez, que entrava naquele momento com duas xícaras de chá, perguntou:

— Por que temos que sair tão cedo? Descobriu-se, por acaso, pegadas de algum tigre?

— Não, — respondeu Yáñez, — vamos procurá-los um pouco mais longe, nos Sunderbunds. (Sunderbunds é o nome mais conhecido de um intervalo de selva, rios e pântanos que constituem parte do delta do rio Ganges próximo ao mar.)

— Os tugues?

— É melhor tomar seu chá agora, senhor De Lussac, e já que iremos juntos no *houdah*, ali lhe explicarei todo o plano.(Houdah ou howdah é um assento amarrado no dorso do animal.)

Quinze minutos mais tarde, os dois elefantes se afastavam do local que servira de acampamento e iniciavam sua marcha para o Sul. Os condutores dos animais haviam recebido ordem para fazê-los caminhar com a maior rapidez possível, com o objetivo de afastarem-se o quanto antes dos tugues.

Apesar dos hindus serem reconhecidos como grandes andarilhos, já que costumam ser delgados e muito ágeis, naquela ocasião não era possível competir com o ritmo dos paquidermes, nem com sua resistência.

No entanto, Sandokan e seus companheiros estavam errados ao pensarem que iam deixar para trás aqueles criminosos, que certamente os seguira desde Khari.

De fato, os elefantes não haviam percorrido meia milha quando, dentre o juncal que crescia naquele pântano, escutou-se um som agudo produzido pelas grandes trompas de cobre que os indianos chamam de *ramsingas*.

Um calafrio percorreu o corpo de Tremal-Naik e seu rosto ficou cinzento.

— O maldito instrumento dos tugues! — balbuciou. — Já estão avisados da nossa partida!

A uma grande distância, na direção sul, pôde-se ouvir outra chamada, ainda que mais tênue, muito débil.

— Estão comunicando-se com seus instrumentos — disse Yáñez. — Avisarão sobre nossa presença em todas as partes até que cheguemos aos Sunderbunds. Nossa situação está ficando complicada. O que acha disso, senhor De Lussac?

— Creio que estes malditos sectários são tão astutos quanto as serpentes — respondeu o oficial, — e que nós devemos imitá-los.

— Como? — perguntou Sandokan.

— Enganando-os sobre a direção que vamos tomar.

— Mas, como vamos fazer isto?

— Agora, mudando de caminho; depois, retomando a marcha à noite.

— Os elefantes serão capazes de aguentar esta caminhada?

— Poderão descansar algum tempo ao meio-dia.

— É uma boa ideia — disse Sandokan. Então, dirigindo-se para Tremal-Naik, perguntou-lhe: — E você, o que acha?

— Estou de acordo com os conselhos do senhor De Lussac — respondeu o bengalês. — Precisamos chegar aos Sunderbunds sem que os tugues o saibam.

— Muito bem — disse Sandokan. — Continuaremos avançando até o meio-dia, e depois acamparemos para continuar a marcha nas primeiras horas da noite. Estamos com sorte, porque a lua não aparecerá, e ninguém nos verá.

Em seguida ordenou ao cornaca que mudasse a direção para o oriente. Depois acendeu um charuto, que fumou com toda a tranquilidade.

Enquanto isso, os elefantes continuavam em sua enlouquecida carreira, fazendo com que os *houdahs* sacudissem violentamente.

Nenhum obstáculo impedia seu avanço. Rompiam, como se fossem gravetos, os mais grossos bambus, e pisoteavam a vegetação e os montes de cálamos sem deter-se diante de nada.

O aspecto da selva era sempre o mesmo. Uma grande extensão de bambus, unidos uns aos outros por lianas. Pântanos recobertos com folhas de loto, sobre os quais repousavam tranquilamente cegonhas, garças e íbis negros.

A veloz marcha dos paquidermes continuou até por volta das onze horas da manhã, quando chegaram a um clarão na selva, onde se encontravam algumas cabanas destruídas. Ali Sandokan ordenou que se detivessem.

— Neste local não nos pegarão desprevenidos. Se alguém se aproximar, nós o descobriremos logo. Além disso, Punthy e Darma vigiarão os arredores.

— Devem ter ficado para trás — disse Tremal-Naik. — Mas o cão não abandonará o tigre, e o guiará até nós.

Os elefantes, assim que se viram livres dos *houdahs*, caíram ao chão. Os pobres animais respiravam com dificuldade, suavam muito e estavam exaustos.

Os cornacas obrigaram-nos a se colocarem à sombra de uma árvore, cuja cortiça eles gostavam muito. Ali começaram

a esfregar a cabeça, as orelhas e as patas dos animais com um pouco de gordura, para evitar que se formassem bolhas.

Os malaios ergueram as tendas com enorme rapidez, pois o calor era tão intenso que não havia meio de aguentá-lo sem algum tipo de proteção.

O ambiente se tornava irrespirável. Pairava sobre a selva uma autêntica chuva de fogo.

Yáñez, que entrara imediatamente no interior de uma das tendas, comentou:

— Qualquer um poderia dizer que irá desencadear-se uma tempestade ou um furacão! Se você fica fora da tenda há o risco de pegar uma insolação. Tremal-Naik, você que cresceu neste lugar, pode nos dizer algo.

— Creio que irá soprar o *hot-winds*, e que faremos bem em tomarmos as medidas necessárias para combatê-lo, sob o risco de morrermos asfixiados.

— *Hot-winds*? Que tipo de vento é esse? — perguntou Yáñez.

— Um vento característico da Índia.

— Um vento muito quente, não é?

— Em algumas ocasiões, mais terrível do que o que sopra no deserto do Saara — disse o senhor De Lussac, que entrava naquele instante na tenda. — Já tive a oportunidade de senti-lo por duas vezes, quando estava servindo em Lucknow, e conheço sua violência.

— Conte-nos mais sobre este fenômeno — disse Yáñez.

— Ali, os ventos são muito mais terríveis e abrasadores, já que procedem do poente, passando pelos terrenos arenosos e muito calorentos de Marusthan, da Pérsia e do Beluquistão. Certa ocasião morreram dez sipaios que estavam sob minhas ordens, ao serem surpreendidos em pleno campo por este simum, sem que tivessem tempo de proteger-se.

— Pois para mim parece mais um furacão do que um vento quente — observou Yáñez, apontando as nuvens que surgiam ao noroeste, e que avançavam por sobre a selva com rapidez extraordinária.

— Sempre ocorre da mesma maneira — respondeu o tenente. — Primeiro produz-se um furacão, depois vem o vento quente.

— Vamos proteger as tendas — disse Tremal-Naik. — O melhor seria colocá-las atrás dos elefantes.

Imediatamente, dirigidos pelos cornacas e por Tremal-Naik, os malaios começaram a plantar ao redor das tendas grande número de estacas, passando várias cordas por sobre as lonas das tendas.

Colocaram-nas entre um muro que restava do povoado, e os elefantes, que fizeram deitar-se bem próximos um do outro.

Enquanto isso, com a ajuda de Yáñez, Surama se dedicava a preparar a refeição.

As nuvens já cobriam por completo todo o céu, estendendo-se sobre a selva em direção ao golfo de Bengala.

De vez em quando uma rajada de vento abrasador se deixava notar insistentemente. As águas lamacentas evaporavam com grande rapidez e a vegetação secava. A cada momento que passava as nuvens iam condensando mais e mais, aumentando seu aspecto ameaçador.

Os elefantes davam sinais de grande agitação. Lançavam enormes bramidos, sacudiam as orelhas e sorviam o ar de modo ruidoso e com grande dificuldade, como se lhes custasse respirar.

O oficial, que olhava o céu com grande atenção, disse com voz grave a Sandokan:

— Vamos comer depressa. O furacão está avançando com uma velocidade espantosa.

— As tendas aguentarão? — perguntou o Tigre da Malásia.

— Se os elefantes permanecerem quietos no lugar que os colocamos, talvez. Já vi elefantes fugindo como loucos, sem fazer caso do grito de seus guardiões. Você verá o estrago que o vento ocasionará nestes bambus.

Naquele momento, ao longe, escutou-se um tremendo latido.

— É Punthy que regressa — disse Tremal-Naik.

— Darma estará com ele?

— Ali está, e vem dando saltos enormes — disse o senhor De Lussac. — Que inteligência a desse animal!

— O furacão já está em cima de nós — comentou um dos condutores dos elefantes.

Um relâmpago ofuscante acabava de rasgar a massa de densos vapores saturados de água, enquanto que um golpe de vento, de enorme violência, varria a selva, dobrando os gigantescos bambus, até fazê-los tocar o solo, retorcendo toda a vegetação.

II

O Furacão

Geralmente, a duração dos furacões na península do Industão é curta. No entanto, sua violência é tal, que quem nunca os enfrentou não tem a menor ideia como são.

Poucos minutos são suficientes para que estes ciclones assolem grandes regiões, destruindo mesmo cidades inteiras. A força do vento é inacreditável, e somente as construções mais sólidas e as árvores mais fortes são capazes de aguentar a forte acometida do vento.

Para dar uma ligeira ideia do que representam estes furacões, é suficiente recordar o que aconteceu em Bengala, no ano de 1866, que deixou vinte mil vítimas em Calcutá, e cem mil nas planícies que flanqueiam o Hugly.

As pessoas que foram pegas desprevenidas nas ruas da cidade eram levadas como se fossem penas, arrastadas de um lado para outro. Os palanquins voavam pelos ares, inclusive com pessoas dentro, e as cabanas da cidade negra, arrancadas pela raiz, eram arrastadas como se fossem folhas de papel.

No entanto, o pior foi quando o furacão, mudando de direção, afastou as águas do rio Hugly, derramando-as sobre a cidade, e arrastando consigo os duzentos e cinquenta barcos que estavam ancorados ao longo do rio, e que despedaçaram-se uns contra os outros.

A enorme massa de água arrasou os bairros humildes da cidade, derrubou pórticos, palácios, colunas e pontes, de maneira que a opulenta cidade ficou reduzida a um monte de escombros em poucos minutos. E isto não foi tudo. Geralmente, depois do furacão sopram ventos muito quentes, inclusive os chamados *hot-winds*, e que não são menos temíveis.

Sua temperatura é tão alta que os europeus, não estando acostumados, não podem sair de casa, porque correm o risco de morrerem asfixiados repentinamente.

Aos primeiros sopros do simum, os próprios indianos se vêm obrigados a tomar grandes precauções para que suas casas não se transformem em verdadeiros fornos. Eles tampam todas as fendas, janelas e portas com uma espécie de palha que chamam de *tatti*, e que molham incessantemente para que o vento, ao atravessá-las, perca parte do calor que traz consigo e não torne a atmosfera irrespirável.

Também utilizavam os *punkas*, rodas grandes, parecidas com ventiladores, a fim de conservar os quartos mais frescos.

No entanto, apesar de todas as precauções e medidas que tomam, uma grande quantidade de pessoas morre asfixiada, especialmente nas regiões da Índia ocidental, já que nessa zona tais ventos são ainda mais abrasadores, porque procedem diretamente dos desertos.

Naqueles momentos, o ciclone que se anunciava sobre a selva parecia não ser menos terrível que os outros, e inquietava muito aos guias e a Tremal-Naik, pois eles conheciam a fúria que podiam alcançar aqueles fenômenos atmosféricos.

Já Sandokan e Yáñez não davam mostras de estarem preocupados. Ainda que não conhecessem os furacões da Índia, já haviam enfrentado os que assolavam os mares malaios uma infinidade de vezes.

Apesar das primeiras rajadas começarem a soprar de modo ameaçador, sacudindo fortemente as tendas, o português, que estava fazendo as vezes de cozinheiro, ajudava a bela Surama a preparar a refeição.

— Depressa! — exclamou. — Vamos comer para ficarmos um pouco mais pesados, assim o vento não nos arrastará tão facilmente! Teremos como fundo musical os trovões, mas, para que nos preocuparmos? Já estamos acostumados aos ruídos, e...

Naquele momento um estampido terrível, semelhante ao estampido de pólvora, retumbou na selva, acompanhado de ruídos atroadores, que repercutiam na atmosfera com uma violência inusitada.

— Grande orquestra! — exclamou o senhor De Lussac, acomodando-se à mesa, sobre a qual fumegava a comida. — Temo que Júpiter e Éolo não nos permitam terminar a refeição!

— Parece que o céu vai se despedaçar sobre nós — disse Yáñez. — Que golpes de bumbo! Mais devagar, senhores músicos, porque caso contrário irão nos deixar surdos! Tenham mais consideração conosco!

Os estampidos dos trovões iam aumentando cada vez. Parecia como se milhares de vagões, carregados com pranchas metálicas, fossem arrastados rapidamente, a uma velocidade fantástica, sobre pontes de ferro.

Grandes gotas de água caíam sobre as plantas que cobriam as amplas planícies, enquanto que raios brilhantes sulcavam as nuvens cor de chumbo.

De repente, ao longe, ouviram-se assovios agudos, que foram aumentando paulatinamente, não tardando converter-se em autênticos rugidos.

Lentamente Tremal-Naik pôs-se de pé.

— Já se aproximam as rajadas! — disse. — É melhor que não nos apoiemos nas lonas, pois elas podem voar!

Por sobre a selva caiu uma tromba-d'água seguida de rajadas de ar que arrancavam pela raiz tudo que havia em seu caminho.

Cruzou o acampamento, fazendo voar pelos ares galhos, folhagens, árvores, derrubando, também, as paredes de barro do antigo povoado que ainda estavam de pé. No entanto, a tenda, protegida pelos corpulentos elefantes, aguentou, mesmo que a duras penas.

— Voltará de novo? — perguntou Yáñez.

— Atrás vêm as companheiras — respondeu Tremal-Naik. — Não espere que acabe tão rapidamente. Mas ainda não começou o pior.

Apesar da chuva não ter cessado, Sandokan e o francês saíram ao exterior para verificar o estado que se encontrava a tenda ocupada pelos malaios.

Estes corriam enlouquecidos por entre os bambus destroçados, atrás da lona que o vento arrastava, como se fosse um fantástico pássaro de enormes proporções.

Ao redor do acampamento tudo estava destruído e esparramado pelo chão. Somente um pipal de tronco grosso conseguira resistir à fúria do furacão, ainda que tivesse perdido boa parte de seus galhos.

Em todas as direções voavam pedaços de arbustos e gigantescas folhas de palmeira, e os animais fugiam apavorados e empurrados pelo vento.

Quatro ou cinco nilgós, parecendo sentirem-se mais seguros com a proximidade dos homens, haviam se acocorado atrás do muro que se erguia nas proximidades do acampamento, e ali permaneciam amontoados uns sobre os outros, com a cabeça oculta entre as patas.

Sandokan, mostrando-os ao francês, comentou:

— Deveriam permanecer assim até terminar o furacão! Desse modo teríamos costela assada amanhã!

— Assim que o vento pare de soprar, começarão a correr com toda velocidade que suas patas permitirem — disse o senhor De Lussac. — Está aproximando-se outra tromba! É melhor voltarmos para dentro da tenda.

Ouviam-se tremendos assovios e as palmeiras e taras que haviam conseguido ficar de pé depois da primeira tromba, desabavam, como se ceifados por um machado com um único golpe. Os relâmpagos e trovões se intensificaram.

Tão grande era o estrondo que os homens abrigados sob a tenda se viam em grandes apuros para entender o que se dizia. O grande tornado estava quase a ponto de abater-se sobre o acampamento improvisado.

O *comareah* levantou-se de repente, lançando um berro formidável.

Permaneceu de pé alguns instantes, aspirando o vento; depois, dominado por indescritível terror, precipitou-se por entre a selva, sem atender aos gritos que lhe lançava seu cornaca.

Querendo ajudar os condutores, Sandokan e seus companheiros haviam saído da tenda, mas o tornado os surpre-

20

endeu em cheio com toda a sua intensidade. Primeiro foram levantados pelo ar, e então arrastados em meio a uma nuvem de pó e folhas. A tenda foi arrancada.

Durante cinco minutos, Sandokan, Yáñez, Tremal-Naik e o francês foram arrastados de um lado para outro, até pararem, por fim, detidos por um tronco de pipal, que para a sorte deles, havia aguentado firme o ímpeto do ciclone.

Uma vez passada a rajada, e aproveitando um momento de calmaria, conseguiram reerguer-se.

O *comareah* havia desaparecido com seu cornaca, que se lançara na busca do animal. O outro, o *merghee*, jazia no centro do acampamento, com a cabeça escondida entre as patas.

De repente, Yáñez, no momento em que se dispunha a voltar para o acampamento, perguntou:

— E Surama?

— Vamos correr, senhores! — disse o francês. — Não vamos ser colhidos por outras rajadas! Não temos mais a proteção dos elefantes!

— E o outro?

— Não se inquiete, Yáñez! — disse Tremal-Naik. — Assim que o furacão amainar, nós o veremos regressar tranquilamente com seu cornaca.

— Confio no regresso de nossos homens — agregou Sandokan. — Onde terão se escondido?

— Vamos depressa! — apressou-os De Lussac.

Começaram a correr quando, entre o ulular do vento escutaram uma voz que gritava:

— Socorro, sahib!

Yáñez deu um pulo.

— Surama!

— Onde está Darma? Punthy? Punthy?

Nem o cão nem o tigre acorreram ao chamado. Talvez o furacão os houvesse arrastado, ou quem sabe, talvez tivessem encontrado algum refúgio onde proteger-se.

— Em marcha! — gritou Sandokan.

E todos lançaram-se em direção ao acampamento, já que os gritos de socorro de Surama partiam daquela direção.

A escuridão produzida pelas nuvens cerradas e a grande quantidade de mato que era arrastado pelas rajadas de vento, não permitiam uma visão nítida do que ocorria no acampamento.

Só o que se distinguia era a gigantesca massa do *merghee* junto aos muros destruídos da extinta aldeia.

Sandokan e seus companheiros corriam como se tivessem asas nos pés. Haviam deixado as carabinas nos *houdahs*, por isso empunhavam as facas de caça, armas muito eficazes em suas mãos, especialmente na dos dois piratas, acostumados ao manejo dos cris malaios.

Não demoraram nem cinco minutos para alcançar o acampamento. O segundo tornado dispersou a bagagem em todas as direções: os embornais de provisão, as caixas de munição, as tendas sobressalentes, e até mesmo o *houdah*, que estava no chão.

Mas ali não havia ninguém: nem Surama, nem o cornaca, nem Darma, nem Punthy. Somente o paquiderme, que parecia dormitar ou estar próximo da morte, já que emitia um ofegante ronquido.

— Onde estará a jovem? — perguntou Yáñez, esquadrinhando os arredores. — Não a vejo, e no entanto, estou convencido de que foi ela quem pediu socorro.

— Será que o vento não a enterrou entre esta massa de galhos e folhas? — disse Sandokan.

O português gritou então com todas as forças:

— Surama! Surama! Surama!

Sua única resposta foram os berros do paquiderme.

De repente, o francês perguntou:

— O que acontece com o *merghee*? Parece como se estivesse morrendo. Repararam na sua respiração difícil?

— Tem razão — respondeu Tremal-Naik.

— Vamos ver o que está acontecendo! — exclamou Sandokan. — Parece-me que aqui aconteceu algo extraordinário!

Enquanto o português examinava cuidadosamente os arredores do acampamento, removendo os montes de galhos e folhas que o vento acumulara, e chamando a pobre moça, os demais dirigiram-se para onde se encontrava o infortunado animal. De fato, o *merghee* estava morrendo, pois sua ferida não fora causada por nenhum tronco arrastado pelo vento, mas sim por uma arma. Haviam cortado os tendões de suas patas posteriores, a fim de aleijá-lo.

— Ele foi assassinado! — gritou Tremal-Naik. — Este é o golpe dado pelos caçadores de marfim!

— Mas, quem pode ter sido?

— Quem? Os tugues! Estou convencido que foram eles!

— Este elefante está perdido — aduziu o senhor De Lussac, lançando um olhar para o animal.

— Quer dizer que estes miseráveis lançaram-se sobre nosso acampamento, aproveitando o furacão, com se fossem chacais?

— Aqui está a prova — respondeu Tremal-Naik.

— E como conseguiram escapar do furacão?

Tremal-Naik já ia responder, quando uma exclamação do senhor De Lussac o interrompeu. O tenente dirigiu-se rapidamente a um muro de barro seco, que era o único que fora suficientemente forte para aguentar o embate com o furacão, e mostrou-lhes uma pata de nilgó, ao mesmo tempo em que exclamava:

— Répteis malditos! E nós que os tomáramos por animais autênticos!

Sandokan e Tremal-Naik acorreram ao local onde o oficial se encontrava.

Perto dele se encontravam, penduradas no muro, três ou mais peles.

— Sandokan — disse o francês. — Lembra-se daqueles nilgós que se ocultavam atrás desse pequeno muro?

— Eram os tugues disfarçados? — perguntou o Tigre.

— Sim, senhor. Lembra-se como avançavam, deslizando sobre o ventre, e com as patas escondidas entre a vegetação?

— Sim, senhor De Lussac.

— Esses malditos nos enganaram. Sua ousadia é surpreendente.

— Aproveitaram-se do momento em que o furacão nos empurrava para fora do acampamento para ferir o elefante.

— E raptar Surama — acrescentou Tremal-Naik.

— Yáñez! — gritou Sandokan. — É inútil que continue a procurar Surama! Já deve estar bem longe a esta hora! Mas não se preocupe, amigo, nós a encontraremos.

O português, que no fundo de sua alma, e apesar de não o manifestar, sentia grande afeto pela filha do rajá de Asamey, perdeu sua habitual calma e serenidade, e pela primeira vez na vida gritou, enfurecido:

— Irão todos morrer! Que se atrevam a tocar em um só fio de cabelo daquela jovem!

— Eles acabaram com o *merghee*, mas espero ainda poder contar com o *comareah* — disse Sandokan. — Nós alcançaremos estes bandidos.

Naquele instante o senhor De Lussac exclamou:

— Olhem ali! Lá vem o *comareah*, ao que parece bem calmo, seguido por seu cornaca e pelos malaios.

O gigantesco animal aproximava-se correndo, trazendo na garupa o cornaca e os homens da escolta de Sandokan, que depois de correrem um bom tempo atrás da lona da tenda, conseguiram recuperá-la.

No entanto, faltavam o cornaca do *merghee* moribundo, Surama, Darma, e Punthy.

Podia-se admitir que os tugues tivessem matado o condutor e raptado a jovem, mas que houvessem enfrentado os dois animais, derrotando-os, era muito difícil acreditar.

Sandokan perguntou a Tremal-Naik:

— O que acha que aconteceu com estes animais?

— Estou certo que não tardarão em aparecer.

— É possível. Conhece bem a inteligência de Punthy, e o ódio que tem dos seguidores da deusa Kali, desde quando o mantiveram encerrado nas covas de Raimangal.

— E o tigre, terá seguido o cão? – perguntou Sandokan.

— Disso não tenho a menor dúvida.

Naquele momento um grito agudo e prolongado cortou os ares.

O pobre *merghee*, tratando de realizar um último esforço, levantara-se sobre as patas dianteiras, mantendo-se quase que flexionado.

— Pobre animal! Está morrendo!

O elefante respirava pesadamente.

Sandokan e seus companheiros aproximaram-se dele; e então o colossal animal desmontou pesadamente ao chão.

— Está morto! Malditos sejam esses cães!

Era o cornaca do *merghee* que acabava de morrer. Acompanhado por Darma e Punthy, surgia por entre as enormes massas de destroços que o furacão havia arrancado.

III

SURAMA É SEQUESTRADA

O estado do cornaca era realmente lamentável. Seu corpo estava coberto de barro. Suas roupas destroçadas. Havia perdido o turbante e a faixa, e suas pernas estavam cobertas de feridas.

Apesar de tudo ainda segurava na mão o ferrão com o qual guiava o *merghee*, que era uma arma mais que suficiente para poder defender-se.

Ao vê-lo aparecer, todos correram a seu encontro, enchendo-o de perguntas. O pobre homem só respondia com gestos de desespero, apontando para o elefante.

— Beba um gole — disse-lhe Sandokan, oferecendo-lhe um pouco de conhaque. — Conte-nos o que aconteceu!

O cornaca, com voz embargada, iniciou seu relato:

— Os tugues... estavam ali... escondidos atrás desse muro, disfarçados com peles de nilgós... Esperavam a hora propícia para lançarem-se sobre nós.

— Acalme-se — disse Sandokan. — Temos tempo suficiente para alcançá-los. Explique melhor.

— A ventania empurrou-nos todos, e me levou a mais de duzentos metros do meu elefante.

"Mal consegui ficar de pé, já ia correr para acudir os senhores, quando escutei a voz de uma mulher pedindo socorro. Dirigi-me rapidamente para o lugar de onde vinham os gritos. Antes de chegar vi cinco animais, cinco nilgós, que se levantavam por trás deste muro, soltando as peles. Eram homens, que traziam na mão o laço dos estranguladores.

"Dois deles, que estavam armados com sabres, lançaram-se sobre meu elefante, cortando-lhe os tendões das patas traseiras. Os outros dirigiram-se aos *houdahs*, onde estava Surama, a quem o corpo do *merghee* havia protegido até então do vento.

"Pegaram-na rapidamente e a levaram. A pobre moça gritava por socorro."

— Esse grito nós ouvimos — disse Yáñez. — E depois?

— Lancei-me na perseguição daqueles homens, chamando com desespero ao cão e ao tigre, que estavam ali por perto.

"O cão foi o primeiro a me acudir, mas os tugues, que corriam como antílopes, já haviam desaparecido. Apesar de tudo, continuei a perseguição. Mas foi inútil. A terra, empapada de água, não permitia a Punthy encontrar a pista dos tugues.

— Sabe qual direção tomaram? — perguntou Sandokan.

— Iam para o sul.

— Talvez soubessem que Surama era uma das bailarinas.

— Sem a menor dúvida — respondeu Tremal-Naik. — Se não fosse assim, não teriam vacilado em oferecer uma nova vítima a sua monstruosa deusa.

— Então, alguém deve tê-la reconhecido.

— Creio que estes homens vinham nos seguindo desde ontem à noite.

— No entanto, tomamos todas as precauções para que isso não acontecesse.

— Tenho uma suspeita — disse Yáñez.

— Qual?

— Alguns dos homens que eram parte dos *grabs* devem ter desembarcado ao mesmo tempo que nós e, desde então, estão nos seguindo. Se não fosse assim, como se explica que não tenham perdido nossa pista?

— Tem razão — disse Sandokan.

Durante alguns instantes ele permaneceu em silêncio, para então acrescentar:

— Parece que o furacão está quase terminando. Tracemos um plano para perseguir os raptores. Cornaca, seu elefante poderá levar a todos?

— Não, senhor. É impossível.

— Quer um conselho, Sandokan? — perguntou Tremal-Naik.

— Fale!

— O melhor seria que nos separássemos em dois grupos. Enquanto nós perseguimos esses desgraçados com o *comareah*, seus homens podem nos esperar nas margens do canal Raimatla.

— E quem irá nos guiar?

— O cornaca do *merghee*, que conhece os Sunderbunds tão bem como eu.

— De fato, sahib.

— Também lhes deixaremos Punthy e Darma.

— Sim, nós somos suficientes para dar caça a esses bandidos. Por outro lado, nos interessa colocarmo-nos em contato com os homens do *Mariana*. Vamos!

— Deixe que lhe diga antes umas palavras. O canal de Raimatla é bem extenso, e precisamos que seus homens nos encontrem rapidamente, não podemos perder um tempo que pode tornar-se para nós muito precioso. Cornaca, já ouviu falar da velha torre de Barrekporre?

— Sim, sahib — respondeu o guia. Estive lá há três dias, para não ser devorado por um tigre.

— Esperem-nos lá. Encontra-se quase em frente da ponta setentrional de Raimalia, à margem da floresta. Em quatro ou cinco dias chegaremos lá.

Os dois cornacas, ajudados pelos malaios, arrumaram tudo.

Yáñez, Sandokan, Tremal-Naik e o francês subiram no houda e o *coomareah* ao sinal de seu guia, partiu a trote dirigindo-se para oriente, ou seja, na direção tomada pelos raptores de Surama. O ciclone após três ou quatro rajadas poderosas, que tinham percorrido a floresta devastando-a completamente, se acalmara. As massas de nuvens começaram a rasgar-se aqui e acolá e fugiam para o golfo de Bengala. A escuridão diminuía e através dos rasgões das nuvens desciam raios de sol, produzindo um estranho efeito.

A floresta tornara-se um caos de vegetais amontoados. Maços de bambu, com metros de altura, que o elefante era obrigado a contornar; troncos arrancados, enormes montes de folhas e mesmo um grande número de animais mortos, especialmente cervos, axis e nilgós. O solo, encharcado, seguidamente transformava-se em um enorme pântano, no qual às vezes, o elefante mergulhava até o ventre, fazendo com que o houda balançasse tanto que obrigava aos caçadores segurar-se bem para não serem lançados fora.

Dos raptores de Surama nenhum traço, embora o elefante corresse mais que um cavalo.

Em vão Sandokan, Yáñez e seus companheiros olhavam em todas as direções. Os tugues não eram vistos em nenhum lugar, embora fosse fácil enxergar tudo, devido à devastação do furacão.

— E se estamos enganados sobre a direção que tomaram? — perguntou Yáñez, após uma hora de contínuo galope. Devemos já ter percorrido umas dez milhas até agora!

— Ou os teremos ultrapassado? Disse Tremal-Naik.

— Em tal caso nós os teríamos visto, a floresta está descoberta e, desta altura, pode-se ver facilmente um homem.

— E melhor ainda um elefante, rebateu o bengalês.

— Que você diz, Tremal-Naik?

— Que é mais fácil que os tugues tenham avistado, primeiro que nós, o elefante. Podem ter-se escondido e deixado que passássemos.

— E lugares não faltam aqui, disse o lugar-tenente. Basta agachar-se embaixo desses montes de bambu e folhas para se tornar invisível.

— Certo, disse Sandokam e voltando-se para Tremal-Naik. Para onde acredita que conduziam a jovem?

— A Rajmandal com certeza, respondeu o bengalês.

— É uma ilha, não é?

— Sim, separada da floresta por um rio, o Mangal.

— Para alcançá-la onde acredita que embarcaram?

— Em qualquer enseada da grande laguna.

— Portanto, se nós estivermos próximos da ilha...

— Podemos surpreendê-los, chegando primeiro, se tivermos à nossa disposição uma chalupa.

— Têm boas pernas os tugues, mas duvido que possam rivalizar com um elefante que vai a galope.

— Concluindo, disse Sandokan que parecia seguir uma ideia fixa. Apressaremos o elefante o mais que pudermos. Assim chegaremos ao rio dos Sunderbunds com uma grande vantagem sobre os raptores de Surama. Agora adiante e sempre a galope. Olá, cornaca, cinquenta rúpias de recompensa se conseguirmos chegar aos Sunderbunds antes da meia-noite. Acredita que é possível, Tremal-Naik?

— Sim, se o elefante não diminuir o passo — respondeu o bengali. Estamos bem longe, mas conseguiremos.

— O comareah tem as pernas longas e vence um bom cavalo na corrida. Avante, cornaca, avante sempre.

— Sim, sahib — respondeu o condutor. Ponha a minha disposição alguns quilos de açúcar e o coomareah não deixará de galopar.

O elefante manteve um galope extraordinário, apesar de que o terreno se prestasse pouco a um corredor tão pesado, mantendo-se sempre pantanoso.

Em menos de duas horas atravessaram o trecho atingido pelo ciclone e chegaram à floresta meridional, que parecia não haver sido atingida.

Uma hora mais tarde o elefante que não havia deixado de trotar, achava-se em meio de uma imensa plantação de bambus espinhosos e bambus tulda, de altura extraordinária.

— Atenção, disse Tremal-Naik. Este é um bom lugar para uma emboscada e um homem pode facilmente aproximar-se do elefante e com um golpe, cortar-lhe a perna posterior. Nada pode acontecer e nenhum perigo pode correr o elefante.

O sol já estava a ponto de desaparecer, quando Sandokan ordenou que o animal se detivesse para que descansasse um pouco, já que começava a dar mostras evidentes de fadiga.

O condutor do elefante, que queria ganhar a recompensa que lhe fora oferecida, dobrou a ração do animal, a fim de que o paquiderme conservasse todas as suas energias para quando retomassem a caminhada.

Às nove, o *comareah* já estava bem alimentado e disposto a iniciar a caminhada.

O ar marinho começava a deixar sentir seus efeitos. Uma brisa bem fresca e impregnada de salitre indicava a proximidade das imensas lagunas que se estendem entre as costas do continente e a grande quantidade de ilhas e ilhotas que formam os Sunderbunds.

— Dentro de algumas horas chegaremos à orla do mar — disse Tremal-Naik.

Prontamente Yáñez exclamou:

— Mas não calculamos uma coisa! Se o parau atravessar o canal de Raimatla, como chegaremos até ele, se não temos uma chalupa?

— Não há uma aldeia de pescadores nas margens? – perguntou Sandokan.

— Havia — respondeu Tremal-Naik, — mas os tugues as destruíram. Há somente a pequena estação de Port Canning, que se encontra a uma grande distância. Perderíamos muito tempo.

— Não resta outro remédio senão construir uma balsa — disse Sandokan. — Os bambus servirão bem.

— E o elefante? — perguntou Yáñez.

— O cornaca o levará ao nosso ponto de encontro com os malaios — respondeu Tremal-Naik. — Também podemos...

De repente um guincho prolongado quebrou o silêncio que reinava no local.

32

— Um chacal? — perguntou Sandokan.

— Foi uma boa imitação! — respondeu Tremal-Naik.

— O que está dizendo?

— O que acha, cornaca, desse guincho? — perguntou Tremal-Naik ao condutor do elefante.

— Que alguém está procurando imitar esta fera — respondeu ele, inquieto.

— Está vendo algo?

— Nada, sahib.

— Teriam eles nos seguido? — perguntou o francês.

— Silêncio! — ordenou Tremal-Naik.

Por entre os espessos bambus ressoou uma nota metálica, seguida por outras de diferentes tons.

— O *ramsinga*! — exclamou o bengalês.

— E quem o está tocando não está muito longe de nós — disse Yáñez, pegando sua carabina e preparando-se para disparar. — Já disse que este era um bom lugar para emboscadas!

— Mas esses homens parecem espíritos — exclamou Sandokan.

— Ou pássaros — observou o francês.

— Escutem! — exclamou Tremal-Naik.

— Estão respondendo.

Muito longe ouviu-se a nota de outra *ramsinga*.

Os quatro caçadores, dominados por uma intensa agitação, prepararam-se com seus fuzis nas mãos.

Mas naquele local a vegetação era tão densa e escura, que era impossível distinguir-se algo.

— Estão nos preparando uma emboscada? — perguntou Sandokan, rompendo o silêncio. — O que acha, Yáñez, se parássemos o elefante e déssemos uma batida?

O português não teve tempo de responder, porque de entre os bambus espocaram tiros. O *comareah* deteve o avanço de repente, dando tal sacudidela no *houdah* que por pouco os homens não caíram de seu interior. Fez então um rápido movimento lateral e lançou um formidável grito.

— Atingiram o elefante! — exclamou o condutor.

Ao disparar, pareceu-lhes escutar um lamento, mas não puderam confirmar, porque o elefante lançara-se numa corrida desesperada.

O paquiderme ia devorando as milhas com tremenda velocidade, levando tudo quanto encontrava à sua passagem.

Os quatro caçadores tinham que agarrar-se fortemente para não caírem, pois o *houdah* balançava loucamente.

Aquela endiabrada carreira durou aproximadamente vinte minutos, e então o elefante se deteve. A julgar pelos tremores que sacudiam seu corpo, estava morrendo. Seus berros eram mais débeis a cada momento.

Haviam chegado à borda da selva; do outro lado da laguna encontravam-se os Sunderbunds.

— Desçam! O elefante vai cair! — exclamou o cornaca.

Rapidamente jogaram uma escada de cordas e desceram com as armas nas mãos. O cornaca, no entanto, deixava-se resvalar pelo lado direito do enorme animal. E mal haviam avançado uns metros quando o paquiderme caiu.

IV

A Chegada à Torre

O elefante caíra morto a uns vinte passos da margem do lago. Em poucos minutos, o corpo do colossal paquiderme já desaparecia no lodo da orla.

O terreno ressumava água por todos os lados, como se fosse uma esponja.

A vegetação aquática era bem espessa. Um enorme grupo de plantas que exalavam miasmas venenosos bordejava aquela espécie de praia, penetrando até o centro do lago.

Um odor fétido, que obrigavam a Yáñez e ao francês a tamparem o nariz, dominava todo o ambiente. Aquele ar nauseabundo era causador de febre e cólera.

— Excelente local! — exclamou Yáñez. — O senhor já tinha visto algum lugar mais esplêndido do que este, senhor De Lussac?

— Estes são os nossos Sunderbunds, senhor Yáñez — respondeu o francês.

— Mas não podemos nem acampar neste local! Este solo oferece pouca resistência a nossos pés, e, além do mais, o odor é insuportável. De onde vem isto?

— Observe à sua frente. Está vendo estes marabus que dormem na superfície da água e vão avançando lentamente?

— Sim. E até me perguntei como esses pássaros se mantêm flutuando em uma perna só.

— Não sabe como eles se equilibram?

— Certamente sobre folhas de loto.

36

— Não, senhor Yáñez. Cada marabu se equilibra com a ajuda do cadáver de um indiano. Os bengaleses que não possuem dinheiro para pagar pela cremação são lançados no Ganges, o rio sagrado, cujas águas os conduzirão à mansão celeste de Brama, de Shiva ou de Vishnu. Nesta laguna existe um verdadeiro cemitério flutuante.

— Dá para perceber por este delicioso aroma que me embrulha o estômago. Os tugues podiam ter escolhido outro local.

— Aqui estão seguros.

— Descobriu alguma coisa? — perguntou Sandokan.

— Sim. Pássaros que dormitam sobre cadáveres e cadáveres que flutuam na superfície da água. Um espetáculo magnífico — comentou Yáñez.

— Estou certo que partiremos logo.

— Sandokan, não vejo nenhum bote.

— Construiremos uma balsa. É possível que o *Mariana* se encontre mais perto do que pensamos, porque estas são as margens do canal de Raimatla. Não é assim, Tremal-Naik?

— Sim, e também estamos bem perto da torre de Barrekporre — acrescentou o bengali. — Vocês podem vê-la ali, atrás daquelas árvores.

— Pode ser usada? — perguntou Yáñez.

— É possível que se encontre em boas condições.

— Pois então vamos até lá, meu caro Tremal-Naik. Não podemos montar acampamento aqui.

— Além disso, seria perigoso acampar tão perto do elefante.

— Por que?

— Porque dentro em pouco os tigres, panteras, lobos e chacais virão devorá-lo.

— Se ao menos eles atacassem aqueles malditos! — disse o francês. — Além do mais, demonstraram ter boa pontaria!

— Pudemos perceber pelas feridas do elefante — disse Sandokan. — Dispararam exatamente nos pulmões.

À pouca distância da praia, entre os imensos juncos, ressoou um grande fragor de uivos e latidos roucos.

37

— Os *bighama* já farejaram o elefante — disse Tremal-Naik. — É melhor irmos embora.

Haviam avançado poucos passos quando, dentre o matagal, escutaram alguns balidos.

— Aqui também tem ovelhas? — perguntou Yáñez, surpreso.

— Não são ovelhas, são os *teita*, que sempre vêm na frente dos cães selvagens, disputando-lhes a presa.

— Que espécie de animais são estes?

— São leopardos de magnífica aparência, mas muito ferozes, apesar de serem facilmente domesticados, tornando-se então estupendos caçadores. Observe. Ali está um — disse, apontando. — Nossa presença o assusta, e ele não nos atacará.

A vinte passos de distância dos cinco homens estava um animal, que vencera a vegetação com um salto. Era esbelto e longilíneo, tendo cerca de um metro e meio de comprimento por uns sessenta centímetros de altura, com pelagem longa e lisa. O animal deteve-se, fixando os caçadores com seus olhos verdes e fosforecentes.

— Parece um filhote de leopardo, mas também lembra uma pantera — opinou Sandokan.

— De fato. É também mais rápido até do que os tigres, e alcança os antílopes mais velozes. Mas tem pouca resistência.

— Podem ser domesticados, de fato?

— Facilmente. Tornam-se fiéis a seu dono, desde que se lhes dê sangue das presas que cacem.

— Então me parece que esse belo animal terá sangue em abundância — comentou Yáñez. — O corpo do elefante deve equivaler a vários barris. Meu amigo, aproveite!

E então viram como o *teita*, em quatro saltos, precipitava-se sobre o elefante.

Ambos os europeus, os hindus e Sandokan, ao escutarem de vários lados, e cada vez mais ameaçadores, os rugidos dos *bighamas*, apressaram o passo, bordejando a laguna por onde as plantas não estavam tão espessas, com o objetivo de não serem emboscados por um tigre.

A torre indicada pelo bengali destacava-se por cima da vegetação.

Com infinitas precauções cruzaram a mata. Finalmente chegaram a um espaço aberto, onde se viam somente álamos retorcidos. No centro desta clareira erguia-se a torre com seus quatro andares.

Tratava-se de um edifício quadrangular, decorado com cabeças de elefantes e estátuas que representavam *cateris*, ou seja, gigantes mitológicos. Os muros estavam fendidos e em alguns pontos até mesmo destruídos.

Era difícil saber a destinação daquela torre, construída no meio de pântanos habitados somente pelas feras. Mas tudo parecia indicar que esta construção tivera fins militares. Talvez um posto avançado para a defesa contra incursões dos piratas aracaneses.

A escada que conduzia ao interior ruíra com parte da muralha que dava para a laguna. Mas haviam colocado outra, de madeira, que chegava ao segundo andar.

— Vê-se que alguém costuma refugiar-se aqui — disse Tremal-Naik. — Esta escada é a prova.

O francês começou a subir, mas, de repente, do meio de um grupo de cálamos saltou uma sombra, que caiu no meio de uma frondosa mata.

— Cuidado! — exclamou o cornaca, que fora o primeiro a dar-se conta do ocorrido. — Subam! Depressa!

— O que foi? — perguntou Sandokan.

Entretanto, Tremal-Nail e Yáñez seguiam precipitadamente ao francês, que já se encontrava no alto da escada.

— Não sei, sahib. Um animal...

— Suba! Depressa!

O cornaca não esperou que repetissem a ordem, e imitando aos outros, subiu acelerado pela escada de bambu que, devido ao peso daqueles quatro homens, rangia e estalava perigosamente.

39

Sandokan voltara-se para a esplanada, com a carabina preparada. Havia visto como aquela sombra que havia atravessado o espaço caíra sobre a vegetação, e não tinha certeza se fora um teita ou outro animal mais perigoso. Mas, ao certificar-se que as folhagens permaneciam imóveis, agarrou a escada e começou a subir com rapidez.

Não havia chegado nem à metade da escada, quando sentiu um golpe tremendo que o fez cair por terra.

Alguém sacudira a escada com tanta força que os bambus estalaram como se fossem romper.

Nesse exato momento, o senhor De Lussac, que já estava na plataforma que rodeava a torre, gritou:

— Rápido, Sandokan! Rápido!

O Tigre da Malásia, em vez de retomar a subida, voltou-se segurando a escada com uma das mãos e empunhando a carabina com a outra.

Um enorme animal, como um gato gigantesco, com uma cabeça enorme e redonda , focinho pontudo e corpo coberto por pelagem amarela com manchas negras havia saltado sobre a escada.

O pirata, sem demonstrar nenhuma emoção, levantou a carabina e meteu a culatra na cabeça da fera, com toda a força.

O animal soltou um rugido surdo. Deu a volta ao redor da escada, tentando agarrá-la com suas poderosas garras, mas por fim, caiu ao chão, correndo a internar-se novamente no mato.

Sandokan aproveitou a ocasião para juntar-se a seus companheiros, antes que a fera retomasse o ataque. O francês, que armara sua carabina, ia disparar, mas Tremal-Naik o deteve:

— Não, senhor De Lussac — disse-lhe. — Um disparo nos denunciaria. Não se esqueça que temos estranguladores em nosso encalço.

— Excelente golpe, irmão! — exclamou Yáñez, ajudando Sandokan a subir até a plataforma. — Certamente abriu-lhe o crânio. Sabe que tipo de animal era?

— Não consegui ver bem.

— Era uma pantera, meu amigo. Se estivesse um pouco mais para baixo, ela o pegaria.

— E era bem grande! — acrescentou Tremal-Naik. — Jamais vi uma igual! Se não fosse uma escada de bambu, teríamos todos caído, pois outro material não teria resistido ao golpe e ao peso do animal.

— As panteras costumam atacar, e os encarregados de renovarem os víveres das torres de refúgio sabem bem disso – disse o francês. — Um dia consegui salvar dois desses empregados no instante em que iam ser destroçados por panteras que os atacaram quando subiam as escadas.

— Convém recolhermos a nossa, mesmo por precaução — ponderou Yáñez. — Estes animais são muito ágeis, e como Sandokan o feriu, pode tentar vingar-se.

Podia-se entrar no interior da torre por uma janela. O bengali subiu no parapeito, mas tornou a descer ao terraço.

— Todos os pisos cederam — disse. — A torre está furada como uma chaminé. Teremos que passar a noite aqui.

— Assim poderemos vigiar os arredores — tornou Sandokan. — Onde terá se escondido a pantera?

— É possível que tenha ido embora, ou talvez se escondido entre os cálamos, esperando uma nova oportunidade para nos atacar.

— Não me espantaria — disse De Lussac. — Apesar de serem menores e não tão fortes quanto o tigre, são mais valentes e ousadas, mesmo que a fome não as incomode, como bem notaram os fornecedores da torre de Sjawrak.

— Os que o senhor salvou? — perguntou Sandokan.

— Sim, capitão.

— Conte-nos esta aventura, senhor De Lussac — pediu Yáñez. — Assim a vigília será mais curta, porque não acredito que nenhum de nós tenha vontade de dormir, não estou certo?

— Não serei eu a me atrever a fechar os olhos — disse Tremal-Naik. — Estamos desprotegidos aqui, e os tugues possuem fuzis e têm boa pontaria.

— Está bem. A aventura ocorreu há uns quatro meses — começou dizendo o oficial. — Eu tinha enorme desejo de caçar nos juncais que se encontram às margens do Hugly e, como era amigo do tenente da marinha que tinha a missão de abastecer e renovar os víveres das torres de refúgio, havia conseguido licença para embarcar em qualquer chalupa a vapor que fosse fazer este serviço. E assim o fiz.

"Éramos oito à bordo: um timoneiro, um contramestre, três marinheiros, um maquinista, o foguista e eu. Já tínhamos visitado várias torres, renovando os víveres quando, certa tarde, antes do anoitecer, chegamos em frente à torre de Sjawrak, que encontrava-se a uns cem metros do rio, pois o terreno é bem lodoso na margem.

"Por cima do juncal vimos uma revoada de gansos, enquanto os antílopes fugiam. Fui com os marinheiros que tinham a missão de levar os víveres até as torres.

"Eu levava uma escopeta de caça e, para maior segurança, dispunha ainda de um revólver de grosso calibre, já que me preveniram que poderia encontrar-me com algum animal selvagem. Embrenhamo-nos pela trilha que conduzia à torre, trilha esta aberta a machadadas entre bambus e plantas palustres, quando de repente escutamos o timoneiro gritando da embarcação:

"— Cuidado com as panteras! Corram para a torre!

"Nesse mesmo instante vi que a chalupa afastava-se a toda velocidade da margem, para colocar-se a salvo das acometidas daquelas feras, as quais não tardaram em deixar-se ver.

"— Joguem fora a carga e corram! — gritei para os dois marinheiros que me precediam.

"Não precisei repetir a ordem. Lançaram ao chão suas cargas e começaram a correr para a torre, que estava já bem próxima. Eu corria atrás deles. Mas não havia ainda alcançado a escada, e já via por sobre os ombros duas enormes panteras correndo atrás de mim.

"Minha carabina estava carregada, e não vacilei em usá-la, disparando dois tiros contra ambas as feras. Na verdade, não pensava que pudesse matá-las, mas sim detê-las por um momento, o que de fato ocorreu.

"Aproveitei então e subi rapidamente a escada. Mas, apesar disso, o macho me alcançou, e de um salto caiu no meio da escada, seguido pela fêmea.

"O golpe foi tão violento que, por um instante, pensei que os bambus iriam partir-se. Por sorte não perdi a calma. Passei o braço esquerdo por um dos travessões para não cair ao chão, levantei o revólver e abri fogo.

"Ferido no focinho, o macho caiu, arrastando a fêmea, a qual tinha o pescoço atravessado por uma bala.

"Não desperdicei a ocasião. Mal aquelas terríveis feras caíram ao chão, subi até a plataforma, onde os marinheiros, que não haviam podido me ajudar, pois não dispunham de armas, gritavam desesperados.

"As panteras faziam enormes esforços para nos alcançar, aferrando-se aos travessões com suas formidáveis garras.

"— Derrubem a escada! — gritei aos marinheiros.

"Reunindo forças, derrubamos a escada com as feras, sem pensar que, ao fazermos aquilo, ficávamos sem ter como descer e retornar à chalupa."

— E ficaram sitiados? — perguntou Tremal-Naik.

— As feras vigiaram-nos por toda a noite — respondeu De Lussac. — Aqueles malditos animais, apesar de feridos, não deixaram de vaguear perto da torre.

"O contramestre, na manhã seguinte, ordenou que a chalupa se aproximasse da margem, e disparou várias vezes o canhão..."

— O que é aquilo? — interrompeu-o Yáñez, erguendo-se. — Olhem! Ali!... Estou vendo uma luz!

Todos fixaram o olhar na direção indicada pelo português, e viram, sem sombra de dúvida, um ponto luminoso, uma luz vermelha que parecia avançar para a torre.

Provinha do oriente e fazia ângulos, como se a chalupa ou lancha que a trazia fosse realizando curtas manobras.

— Será o nosso veleiro? — inquiriu Tremal-Naik.

— Talvez seja a baleeira — disse Yáñez por sua vez.

— Não creio que seja nem o parau nem a baleeira — respondeu Sandokan, depois de observar atentamente aquele ponto luminoso que se distinguia sobre as águas. — Tremal-Naik, sabe se veleiros entram nesta laguna?

— Uma ou outra lancha de pescadores — respondeu o bengali. — Também poderiam ser náufragos. O furacão que assolou a selva deve ter causado estragos no golfo de Bengala.

— Gostaria que esta barca entrasse aqui. Assim não precisaríamos construir uma balsa para alcançar nosso parau.

— Essa embarcação deve ter velas. Está vendo como navega, Yáñez?

— Observo também que se dirige para cá — respondeu o português. — Se cruzar em frente à torre, chamaremos sua atenção com alguns disparos.

— Vamos fazer isso imediatamente — disse Sandokan.

Levantou a carabina e disparou. A detonação repercutiu por cima das águas escuras, perdendo-se ao longe.

Meio minuto depois viram que o ponto luminoso mudava de direção e se dirigia em linha reta para a torre.

— Esse barco estará aqui ao sair do sol — afirmou o pirata. — Reparem, já está amanhecendo.

— E se estes homens não nos quiserem a bordo?

— Ou chumbo, ou ouro! — respondeu Sandokan. — É o que saberemos logo! Cornaca, baixe a escada, eles se aproximam.

V

Uma Armadilha Inesperada

No momento em que despontavam os primeiros raios do sol, o barco deteve-se em frente à torre.

Sandokan acertara em suas suposições. Não era uma chalupa, nem um barco de grande porte. Tratava-se de uma pinaça, ou seja, uma barca grande, de bordas altas, com dois mastros pequenos e duas velas quadradas. Tinha ainda um convés.

Este tipo de barco é muito utilizado na Índia para navegação nos grandes rios da península; no entanto, podem navegar em mar aberto, como os *grabs*, pois possuem boa mastreação.

Aquela pinaça pesava umas sessenta toneladas e sua tripulação era composta por oito hindus, todos jovens e fortes, vestidos de forma semelhante aos sipaios. Seu capitão era um velho piloto de comprida barba branca, que naquele momento encontrava-se no timão.

Assim que viu os cinco homens, entre os quais havia dois brancos, o velho tirou o turbante de forma cortês, e saltou em terra.

— Bom dia, sahib! — disse, em inglês perfeito. — Precisam de ajuda? Ouvimos um disparo e pensamos tratar-se de alguém em perigo.

— Por que estão navegando por estes lados? — perguntou Tremal-Naik. — Este não é um local para buscar carga ou comerciar.

— Somos pescadores. Nestas lagunas abundam os peixes, e costumamos vir aqui com frequência.

— De onde estão vindo?

— De Diamond-Harbour.

— Querem ganhar cem rúpias? — perguntou Sandokan.

O velho encarou fixamente ao Tigre da Malásia. Em seu olhar via-se certa curiosidade.

— Está querendo me enganar, sahib? Cem rúpias é uma bela soma. Não fazemos isso em uma semana

— Precisamos da sua pinaça por vinte e quatro horas. Depois, as rúpias passarão para o seu bolso.

— É generoso como um nababo, sahib — disse o piloto.

— Aceita?

— De onde venho ninguém recusaria uma oferta parecida.

— Disse que vinha de Diamond-Harbour? — perguntou Tremal-Naik.

— Sim, sahib.

— Entrou pela laguna do canal de Raimatla.

— Não, viemos pelo Yemere.

— Neste caso deve ter visto um buque cruzar estas águas.

— Ontem pareceu-me ter visto uma espécie de chalupa comprida e estreita costeando a costa setentrional de Raimatla — respondeu o velho.

— Provavelmente é nossa baleeira — disse Sandokan. — Antes do anoitecer teremos encontrado o parau, e estaremos reunidos com nossa tripulação. Embarquemos! Amanhã nossa chalupa virá recolher a escolta.

Entregou então ao piloto metade do dinheiro que havia lhe oferecido e em seguida subiram a bordo, sendo saudados cortesmente pelos hindus que tripulavam a embarcação.

Sandokan e Tremal-Naik sentaram-se na popa, sob a lona que os pescadores estenderam para protegê-los do sol. Yáñez, o francês e o cornaca foram dormir um pouco no pequeno camarote da embarcação.

A pinaça abandonou a margem e dirigiu-se a uma das ilhas que podiam ser distinguidas confusamente por entre a névoa que surgia na laguna.

Um fedor nauseabundo subia da água, pois ali acabavam de decompor-se os cadáveres arrastados pelas correntes dos Sunderbunds.

— Isto é um cemitério flutuante! — comentou Tremal-Naik.

— Nauseabundo! — confirmou Sandokan. — O Governo de Bengala faria bem em mandar enterrar esses restos putrefatos sob três metros de terra. Com isso evitaria os surtos de cólera anuais que abatem-se sobre a capital.

— Os indianos que querem desfrutar do paraíso devem ir até lá pelo rio Ganges.

— Por acaso este rio vai parar lá?

— Não sei. Parece que desemboca no golfo de Bengala e ali se misturam as águas.

— E todos irão para o paraíso?

— Não! As águas do Ganges, por mais sagradas que seja, não purificarão jamais a alma de um assassino, sobretudo daquele que matou uma vaca sagrada.

— Isso é muito grave na sua religião?

— Sim, é tão grave que o culpado irá para o inferno, onde será devorado incessantemente pelas serpentes e irá padecer o inferno da fome e da sede, e então, depois de uma longa tormenta, irá transformar-se num asno, e assim viverá por mil anos.

— Seu inferno deve ser um lugar horrível! — disse Sandokan.

— Segundo os Vedas, nossos livros sagrados, ali reina sempre a noite, e não se escuta nada além de gemidos e gritos. E os sofrimentos que se experimentam são mais terríveis que as dores causadas por ferro e fogo.

"Existem suplícios para toda espécie de pecados, para cada membro em particular e para cada um dos sentidos. Fogo, ferro, serpentes, insetos venenosos, animais ferozes, aves de rapina, picadas e mordidas. Tudo é usado para martirizar os pecadores.

"Nossos livros sagrados afirmam que alguns estão condenados a usar um barbante atravessado no nariz, com a ajuda do qual o fazem correr sem descanso sobre lâminas afiadas. Outros têm os olhos perfurados por agulhas. Muitos são condenados a estarem oprimidos fortemente entre dois penhascos, e alguns irão sentir como se seus olhos fossem bicados sem cessar por ferozes abutres, enquanto outros vêm-se forçados a nadar em piscinas de breu líquido."

— E estas torturas terríveis duram eternamente?

— Não. Ao término de cada *suga*, ou seja, cada época, que engloba milhares de anos, os condenados voltam à Terra, uns em forma de animal ou qualquer outra coisa viva, até que voltem na sua primitiva forma de seres humanos, limpos de qualquer pecado. Estas são as leis de nosso Naraca, onde reina Yama, o deus da morte e das trevas.

— Vocês também tem um paraíso, não é?

— De fato temos mais de um — respondeu Tremal-Naik. — O *suarga* do deus Sudra, para o qual vão todos os homens virtuosos. O *veiconta*, o paraíso de Vishnu. O *kailassa*, que pertence a Shiva. O *sattialoca*, que é de Brama, e destinado somente aos brâmanes.

De repente, um disparo feito a curta distância, seguido do inconfundível silvo de uma bala, obrigou os dois homens a interromperem sua conversa.

Um dos marinheiros que estava na proa acabara de abrir fogo contra eles.

Tão grande foi a surpresa de Sandokan e Tremal-Naik, que durante alguns momentos permaneceram totalmente imóveis, sem conseguir entender o que acontecera.

Uma exclamação do piloto advertiu-os do grande perigo que pairava sobre eles, e que o disparo fora de propósito.

O velho soltou o timão e gritou:

— Vamos pegá-los, rapazes! Somos nove! Peguem os punhais e os laços!

Sandokan soltou um verdadeiro rugido.

Imediatamente olhou à sua volta para pegar a carabina, que deixara apoiada na amurada, mas ela havia desaparecido, assim como a arma de seu companheiro.

Com a rapidez de um raio agarrou a barra do timão, precipitando-se à proa, onde a tripulação reunira-se ao homem que havia disparado.

— Traição! — gritou o pirata. — Yáñez! De Lussac! Subam ao convés!

Tremal-Naik estava a seu lado, com um machado que encontrara cravado no chão.

Os hindus empunharam suas facas e pegaram as cordas que até aquele instante traziam escondidas debaixo dos casacos.

— Ataquem rapazes! — repetiu o piloto, que empunhava uma dessas cimitarras pequenas usadas pelos *maratti*, chamada *tarwar*. — Ataquem o pai da jovem virgem! Ao inimigo de Suyodhana!

— Cão sarnento! — gritou Tremal-Naik. — Reconheceu-me! Vou dar-lhe o que merece!

Os oito marinheiros lançaram-se todos contra os dois amigos.

Três caíram sobre Sandokan, e os outros, junto com o piloto, rodearam Tremal-Naik.

O Tigre da Malásia tentou, mediante um hábil movimento, cobrir a seu amigo, que era quem corria maior perigo, mas os tugues adivinharam sua intenção, e fecharam-lhe a passagem.

— Apóie as costas contra a popa, Tremal-Naik! — gritou o pirata. — Resista um momento! Yáñez, De Lussac!

Os três marinheiros haviam precipitado-se sobre ele. Com um salto de pantera Sandokan saiu do cerco, levantou a barra do timão e deixou-a cair com força sobre o mais próximo, que tentava feri-lo.

O tugue, ao receber este tremendo golpe na cabeça, caiu desmaiado no mesmo instante. Quase ao mesmo tempo um laço caiu sobre Sandokan, apertando-lhe o braço direito.

— Está preso! — gritou o tugue. — Tikar, derrube-o ao chão!

50

— Certo! Tome! — replicou o pirata.

Abandonou a barra, e inclinando a cabeça, golpeou a seu inimigo no peito, lançando-o do outro lado da embarcação.

Em seguida, girando sobre si mesmo, precipitou-se sobre o terceiro de seus adversários, que pretendia cravar-lhe uma faca nas costas. Agarrou-o com força pelos braços, impedindo-o de levar a cabo o seu propósito.

Mas o hindu era mais forte do que Sandokan supusera, e ao mesmo tempo era corajoso. Imitando o pirata, agarrou-o, procurando apertar-lhe o pescoço.

Naquele instante uma onda sacudiu bruscamente a pinaça, e os homens caíram no convés.

Enquanto isso, Tremal-Naik, acossado pelos outros cinco marinheiros e pelo piloto, defendia-se com desespero, retrocedendo pela popa enquanto desferia furiosas machadadas.

Já conseguira romper dois laços e salvar-se de um golpe de *tarwar*, mas suas forças não aguentariam por muito tempo o ataque de seus inimigos, que o acometiam por todos os lados, procurando cercá-lo.

No preciso instante em que um dos estranguladores conseguiu agarrá-lo pelas costas, apareceram no convés Yáñez, De Lussac e o cornaca.

Haviam despertado com os gritos desesperados de Sandokan, e alarmados com a palavra "traição!", trataram de subir depressa, buscando suas armas. Mas como acontecera a Sandokan e Tremal-Naik, elas também haviam desaparecido.

Então, De Lussac e o cornaca pegaram suas facas de caça, armas sólidas e de lâminas largas. Quanto a Yáñez, trazia preso à faixa uma dessas formidáveis navalhas espanholas, que quando abertas parecem uma espada.

O português abriu-a com um golpe seco e precipitou-se pela escada, enquanto gritava:

— Vamos, amigos! Estão se matando!

Os tugues, que procuravam derrubar Tremal-Naik, ao vê-los aparecerem no convés, voltaram-se contra eles.

O velho piloto e um dos marinheiros ficaram fazendo frente a Tremal-Naik, que conseguira, por fim, ficar de costas contra a borda de bombordo. Um par deles lançou-se contra o francês, e os outros três atacaram Yáñez e o cornaca.

— Miseráveis! — gritou o português, saltando por sobre a lona da popa e arrancando-a com um puxão para enrolar o braço esquerdo. — Vamos, venham lutar comigo, e você, cornaca, encarregue-se desse outro!

A luta tornou-se ainda mais violenta, enquanto a pinaça, sem ninguém que a governasse, seguia ao impulso das ondas, sem rumo fixo.

Os estranguladores abandonaram seus laços, que eram inúteis naquela luta corpo a corpo, e empunharam suas facas.

Yáñez, De Lussac, Tremal-Naik e o cornaca defendiam-se valentemente, sem deixarem-se encurralar. Sandokan, por seu lado, pego por seu adversário, rodava com ele pelo convés, tentando acertar-lhe um golpe definitivo. Mas o hindu aguentava com uma firmeza surpreendente, e como tinha os braços e o colo impregnados de azeite de coco, conseguia desvencilhar-se do pirata. Mas o Tigre da Malásia conseguiu por fim desfazer-se do tugue, desferindo-lhe um formidável golpe com a barra do timão.

— Um a menos! — exclamou. — Aguentem firme, companheiros, que agora vou ajudá-los!

E já ia precipitar-se pelo convés, quando se viu agarrado por trás.

Tratava-se do marinheiro que recebera uma cabeçada no peito, e que agora tentava novamente lutar contra o terrível chefe pirata.

— Como! — exclamou Sandokan. — Ainda está vivo? Pois agora irá fazer companhia aos peixes!

E agarrando-o com força, lançou-o ao mar, sem que o marinheiro esboçasse grande resistência.

Naquele momento escutou-se um grito de dor, seguido de uma imprecação lançada por Yáñez.

O cornaca, que lutava com um dos estranguladores a poucos passos do português, caíra ferido de morte.

Um uivo de triunfo acolheu a queda do infortunado condutor de elefantes.

— Adiante, companheiros! Temos a ajuda de Kali!

Mas, quase no mesmo instante, este grito transmudou-se num grito de terror, ao ver cair morto o velho piloto, no qual Tremal-Naik acertara um golpe mortal.

O bengali, no entanto, não havia vencido ainda, porque tinha que enfrentar outro adversário, que poderia dar-lhe ainda mais trabalho. No entanto, o machado de Tremal-Naik era uma arma mais poderosa que a faca do estrangulador.

Sandokan olhou a seu redor e compreendeu que, naquele momento, Yáñez era quem corria maior perigo, já que enfrentava três adversários.

O tenente De Lussac, por sua vez, lutava contra dois, que lançavam-se contra ele como mastins raivosos. De todo jeito, não parecia correr perigo iminente.

O jovem e valente oficial francês manejava de forma admirável a faca, e com golpes e contragolpes mantinha seus adversários à distância.

— Primeiro ajudaremos Yáñez! — murmurou Sandokan.

E com três saltos caiu sobre seus inimigos, gritando:

— Irão morrer, bandidos!

Dois deles voltaram-se, lançando-se sobre o chefe pirata, enquanto gritavam furiosamente:

— Você é que vai morrer!

Fazendo um molinete com a pesada barra, Sandokan deixou-a cair sobre o inimigo mais próximo, levando-o ao chão.

O outro, aterrorizado, virou as costas e correu na outra direção, mas a terrível barra cortou-lhe o caminho, golpeando-o brutalmente nos ombros. Mesmo assim, o marinheiro encontrou forças para chegar até a borda e lançar-se na laguna.

Sandokan já ia em socorro de seu amigo Yáñez quando, de repente, viu-o agachar-se e cair com os braços estendidos no convés.

Yáñez já se desfizera de seu inimigo.

Os outros dois tugues que atacavam o senhor De Lussac, ao comprovarem que a partida estava irremediavelmente perdida, fugiram para a proa, e ali lançaram-se à água, desaparecendo entre as folhas de loto e os juncos que emergiam de um banco de areia.

Ao bordo já não restava senão o inimigo de Tremal-Naik. Era o mais robusto e valente daquele bando de tugues. Defendia-se com valor, esquivando-se com grande agilidade dos golpes que seu adversário desferia.

Sandokan quis ajudar Tremal-Naik, mas Yáñez o advertiu:

— Se o capturarmos vivo, podemos fazê-lo falar, e assim obter algumas informações!

Em poucos instantes Yáñez, Sandokan e o senhor De Lussac caíam sobre o tugue, e depois de derrubá-lo, amarram-no fortemente.

VI

O Prisioneiro

O prisioneiro, certamente o único que conseguira sobreviver àquela terrível luta, era um jovem de aparência forte e boa constituição. As marcas em seu rosto denunciavam que possivelmente descendia de alguma casta elevada.

No momento em que o atavam, estava dizendo a Tremal-Naik, que o estava ameaçando:

— Mate-me também! A morte não me assusta! Perdemos, e é justo que receba a minha parte!

Em seguida, e depois de tentar várias vezes soltar-se das fortes amarras que lhe prendiam os braços e pernas, deitou-se no convés sem dizer uma palavra ou demonstrar temor algum pelo que iria lhe acontecer.

— Senhor De Lussac — disse Sandokan, — sente-se perto deste homem e procure vigiá-lo cuidadosamente, para que não tente fugir. No caso de tentar, detenha-o como for. Nós vamos colocar um pouco de ordem aqui.

— O cornaca ainda respira?

— O pobre homem acaba de morrer — disse Yáñez.

— Malditos! Esta traição foi bem planejada, e podemos nos considerar com sorte por estarmos vivos.

— O que não entendo é como sabiam que estaríamos ali.

— Isso quem nos dirá será o prisioneiro. Agora, vamos limpar o convés, Sandokan!

Com a ajuda de Tremal-Naik, atiraram à água todos os objetos desnecessários. O corpo do condutor de elefantes foi levado ao camarote da popa, onde cobriram-no com uma lona, para proporcionar-lhe uma sepultura digna e livrá-lo dos dentes afiados dos crocodilos.

Depois de arranjarem as velas de forma adequada, já que naquele momento soprava o vento do noroeste, repuseram a barra do timão no local correto, e em seguida arrastaram o prisioneiro para a popa, pois era preciso dirigir a pinaça.

Sem dizer absolutamente nada, o tugue deixou-se levar. No entanto, em seu olhar notava-se certa inquietude.

Sandokan, indo diretamente ao ponto que interessava, disse-lhe:

— Bem, jovem, o que prefere? Continuar vivendo ou morrer entre atrozes sofrimentos? É você quem irá escolher.

— O que desejam de mim? — perguntou o jovem.

— Precisamos que nos conte tudo o que sabe e que nós ignoramos.

— Os tugues não podem trair os segredos de sua seita — foi a resposta do prisioneiro.

— Conhece a *youma*? — perguntou-lhe repentinamente Tremal-Naik.

Um estremecimento sacudiu o corpo do jovem, e por seus olhos negros brilhou uma centelha de terror.

— Conheço o segredo para compor essa bebida, que desata a língua e faz falar até mesmo o mais teimoso dos teimosos. É feita com folhas de *youma*, um pouco de suco de limão e alguns grãos de ópio. Portanto, é inútil permanecer em silêncio, já que, se não falar por bem, poderemos obrigá-lo a falar por mal.

Yáñez e Sandokan olhavam surpresos para Tremal-Naik, pois desconheciam esta misteriosa poção sobre a qual conversavam.

Já o senhor De Lussac parecia aprovar as palavra do bengali com um sorriso significativo.

— Decida-se! – disse Tremal-Naik. — Não temos tempo a perder.

Ao invés de responder, o hindu encarou o bengali por alguns instantes, e em seguida perguntou:

— Você é o pai da menina? Você é o audaz caçador de serpentes e tigres da selva negra que roubou, há muito tempo, a virgem do pagode do Oriente?

— Quem te disse isso? — inquiriu o bengali.

— O piloto da pinaça.

— E quem disse isso a ele?

O jovem não respondeu. Baixara novamente os olhos, e em seu semblante observava-se naquele momento uma rara alteração que não parecia ser produzida pelo temor. Em seu íntimo travava-se um tremendo combate.

— Quem disse isso a este traidor miserável? — perguntou Tremal-Naik. — São todos vocês uns canalhas?

— Bandidos! — exclamou subitamente o jovem, colocando-se de joelhos, apesar das amarras. — Sim, bandidos! Esta é a palavra certa para eles! São covardes e assassinos! E eu estou horrorizado em pertencer a esta seita odiosa!

E com os lábios apertados e voz rouca, completou:

— Maldita seja a minha sina, pois mesmo sendo filho de brâmane converti-me em cúmplice de seus crimes! Kali, ou Dirga, ou qualquer dos nomes que te invoque, eu te amaldiçoo, deusa sanguinária, divindade do horror e da desolação!

Sandokan, Tremal-Naik e os dois europeus, estupefatos ante a expressão de ódio que brilhava no olhar do jovem, permaneciam em silêncio.

Passados alguns instantes, Tremal-Naik perguntou-lhe:

— Então, você não é um tugue?

— Levo no peito a marca infame destes miseráveis! — disse o jovem, com amargura. — Mas meu espírito segue sendo o de um brâmane.

— Está tentando nos enganar? — perguntou De Lussac.

— Que não possa entrar no paraíso e que me transforme num inseto se estou mentindo! — disse.

— E então, como se encontra entre esses bandidos, sem ter renegado Brama? — perguntou Tremal-Naik.

O hindu permaneceu em silêncio durante um momento, e só depois respondeu:

— Senhor, eu sou filho de um homem pertencente à casta elevada, um rico brâmane, poderoso descendente da estirpe do rajá. Mas eu não era digno da posição que ocupava meu pai. Entreguei-me ao vício, o fogo devorou minhas riquezas, pouco a pouco caí na lama e finalmente converti-me num pária miserável. Certo dia, um ancião *manti*...

— Você disse *manti*? — interrompeu Tremal-Naik.

— Deixe-o terminar — interveio Sandokan.

— ... encontrou-me em companhia de uns vagabundos — prosseguiu o jovem, — aos quais me unira para não morrer de fome. Surpreendido por minha força incomum e por minha extraordinária agilidade, propôs-me abraçar a religião de Kali.

"Logo soube que os tugues estavam arrebanhando adeptos com o objetivo de formar um corpo de vigilância secreto, a fim de conhecer e prevenir os movimentos das autoridades de Bengala, que ameaçava acabar com eles.

"Como me encontrava na mais completa pobreza e a miséria cercava-me por todos os lados, aceitei, e assim o filho do brâmane converteu-se num desprezível tugue. Mas eu odeio estes homens, que me obrigaram a matar e a oferecer à horrível deusa o sangue de uma infinidade de vítimas.

"Já sei que vão lutar contra eles com todas as forças. Querem a minha ajuda? Sirdar oferece-lhes sua força!"

— Como sabe que vamos para Raimangal? — perguntou Tremal-Naik.

— O piloto me disse.

— Quem era esse homem.

— Ele comandava um dos veleiros que atacaram seu barco.

— Então, ele vinha nos seguindo.

— Sim, juntamente com outros doze tugues que formavam a tripulação. Eu era um deles. Suspeitávamos que o senhor, sahib, dirigia-se a Khari, porque nos disseram que seus servidores haviam comprado um par de elefantes. Estivemos vigiando todos os seus passos.

"Assim conseguimos saber de sua amizade com os tripulantes do barco que lutou contra nós, como também soubemos que estava seguindo ao *manti* até capturá-lo. E saibam que experimentei grande alegria ao saber que esse velho malvado estava em seu poder, pois foi ele que me levou a esta situação.

"Nós os seguimos através da selva, e conseguimos aprisionar a bailarina."

— Surama! — exclamou Yáñez.

— Sim, este é o nome da jovem — respondeu Sirdar. — Era filha de um chefe montanhês do Assam.

— E onde ela está agora?

— Certamente em Raimangal. Temiam que os conduzisse até as misteriosas covas da ilha.

— Prossiga! — disse Sandokan, interessado naquele relato.

— Fomos nós também quem os emboscamos para matar o segundo elefante — prosseguiu Sirdar. — Queríamos acabar com vocês antes que conseguissem chegar a Raimangal.

— E a pinaça? — perguntou Tremal-Naik.

— Foi-nos enviada por Suyodhana, que já sabia de suas intenções por vários mensageiros que lhes fomos mandando. Depois soubemos que vocês buscaram refúgio na torre de Barrekporre.

— É surpreendente a organização destes bandidos! — exclamou Yáñez.

— Seus espiões são extraordinários. Mas sempre temem que as autoridades de Calcutá lhes dê um golpe aniquilador, por isso escondem-se nos lugares mais inóspitos.

"Quando um grupo de pessoas suspeitas adentra a selva, no mesmo instante são anunciadas pelas notas dos *ramsingas*, que vão se repetindo até às margens do Mangal. Desta forma, é impossível um ataque surpresa."

— Neste caso, não se pode atacar seu reduto?

— Sim, mas deve-se agir com extrema cautela.

— Você conhece estes subterrâneos?

— Estive lá durante meses — respondeu Sirdar.

— Quando foi a última vez que esteve lá?

— Fazem quatro semanas.

— Então você viu a minha filha! — exclamou Tremal-Naik, tomado de uma emoção indescritível.

— Sim, eu a vi uma noite no pagode, enquanto ensinavam-na a verter o sangue de um pobre homem, imolado horas antes.

— Miseráveis! — exclamou Tremal-Naik. — Sua mãe também era obrigada a derramar sangue humano ante Kali. São uns covardes!

Da garganta do infeliz saiu um soluço.

— Fique tranquilo! — aconselhou-o Sandokan. — Nós a libertaremos, você verá! Para que viemos da distante Mompracem? Um dos tigres deve morrer, e será o tigre da Índia que irá sucumbir nesta luta.

Em seguida, pegou a navalha de Yáñez e cortou as amarras do prisioneiro, dizendo-lhe:

— Nós lhe perdoamos a vida e lhe concedemos a liberdade, em troca de nos conduzir até Raimangal e a esses misteriosos subterrâneos.

— Sirdar cumprirá o prometido, porque o ódio que sente por esses assassinos é tão grande quanto o de vocês. Que Yama, deus da morte e dos infernos, me condene eternamente se não cumprir minha palavra! Renego Kali, e outra vez sou brâmane!

— Yáñez, ao timão! — ordenou Sandokan. — Está soprando um vento, e o *Mariana* deve estar perto. Senhor De Lussac, pegue a escota. Navegaremos como um *steamer*.

Uma brisa fresca começou a soprar, inflando as velas da embarcação e dispersando a névoa produzida pela intensa evaporação da água.

O Tigre da Malásia colocou a proa imediatamente em direção sul, aonde se abria um amplo canal, que, segundo disse Tremal-Naik, era o de Raimatla. Era formado por duas ilhas muito baixas e extensas, cobertas de gigantescos juncos.

Também a este haviam outras ilhotas, igualmente cobertas de espessa vegetação.

Muitas aves aquáticas revoavam por cima daquelas terras lodosas, e os devoradores de carniça contavam-se às centenas. Ali deviam ter abundante refeição, a julgar pelo odor repugnante que emanava daquele local.

A pinaça, que era um magnífico veleiro, navegava obedecendo ao menor comando do timão. Em menos de uma hora chegou ao extremo setentrional da ilha; a partir dali foi bordejando a orla, ainda que mantendo distância prudente para não ser atacada pelos numerosos tigres que ali abundam, os quais são tão audazes que, com frequência, mediante um simples salto, alcançam a ponte das chalupas e dos veleiros de pouca tonelagem que cometem a imprudência de navegar perto demais da terra.

— Tenham cuidado! — advertiu Sandokan, que havia substituído Yáñez no timão. — Se Sambigliong ou Kammamuri seguiram minhas instruções, devem ter ocultado o parau em algum pequeno canal e desmontado a mastreação, portanto, será fácil não vê-los.

— Vamos assinalar nossa presença com algum disparo — disse Tremal-Naik. — Encontrei uma carabina.

— Deve ser, provavelmente, a que o tugue usou para atirar contra nós.

— Sim, é essa — disse Sirdar, que estava sentado na amurada da popa.

— Onde estão as outras? — perguntou Sandokan.

— O piloto ordenou-nos que as atirássemos na laguna.

— Que velho estúpido! — comentou Yáñez. — Poderia ter ficado com elas!

— Só havia uma carabina carregada, sahib, e nós não tínhamos a bordo nem pólvora, nem balas — respondeu o jovem.

— É verdade! — afirmou o chefe dos piratas. — As outras carabinas descarregamos na torre para chamar a atenção da pinaça. O que foi uma verdadeira sorte, já que, caso contrário, teriam nos matado a queima-roupa.

Naquele momento o senhor De Lussac, que subira no mastro para divisar melhor o horizonte, disse com voz firme:

— Capitão Sandokan, vejo um ponto negro sulcando o canal.

O chefe dos piratas deixou o timão nas mãos de Sirdar e dirigiu-se à proa, seguido de Yáñez.

— Em direção sul, senhor De Lussac? — perguntou.

— Sim, capitão. Ao que parece, em direção de Raimatla.

O Tigre da Malásia olhou na direção indicada. De fato, distinguiu uma diminuta linha negra que atravessava o canal a umas sete ou oito milhas de distância.

— É uma chalupa — esclareceu.

— Então não pode ser outra senão a baleeira do *Mariana* — acrescentou Tremal-Naik. — Ninguém se atreveria a meter-se por entre os canais dos Sunderbunds, há não ser que tenha sido arrastado por alguma tempestade, e neste momento o golfo de Bengala está bem tranquilo.

— Avance até a ilha — disse Yáñez, que tinha a vista tão aguçada quanto Sandokan, — pois ali parece-me haver uma pequena enseada. Pode ser que o parau esteja ali refugiado esperando.

— Orçar para a esquerda! — ordenou o chefe pirata ao tugue. — E aproxime-se da costa!

A pinaça dirigiu-se para Raimatla, enquanto a chalupa desaparecia na enseada que o português apontara.

Ao cabo de quarenta minutos o pequeno veleiro alcançava um canal que parecia internar-se na costa uns cem metros, e obstruído em algumas partes por pequenas ilhotas cobertas de junco e plantas palustres.

O Tigre da Malásia, que voltara a empunhar o timão, fez a embarcação avançar audazmente por aquele estreito braço de água, enquanto Tremal-Naik e Sirdar sondavam o fundo.

— Dispare! — ordenou Sandokan a Yáñez.

O português já se dispunha a obedecer a ordem, quando saiu de um pequeno canal lateral uma chalupa tripulada por

doze homens armados, e que se dirigia velozmente em direção à pinaça.

— Olhem! É a baleeira do parau! — gritou Yáñez. — Ei, companheiros, baixem as armas!

A ordem foi oportuna, porque os tripulantes da chalupa já se dispunham a enviar-lhes uma saraivada de balas.

Respondeu-lhe então um grito de alegria:

— É o senhor Yáñez!

Era Kammamuri, o fiel servidor de Tremal-Naik, que havia comandado a expedição.

— Aproxime-se — disse Yáñez, enquanto os malaios e os dayacos saudavam seus chefes com grandes mostras de alegria.

Com umas poucas remadas a chalupa abordou a pinaça a bombordo, enquanto Sirdar e De Lussac lançavam âncora.

Kammamuri, com um ágil salto, sentou-se na amurada, e caiu no convés.

— Enfim! — exclamou, emocionado. — Já começávamos a temer que tivesse ocorrido alguma desgraça! Que linda pinaça!

— Que notícias nos traz, meu bravo Kammamuri? — perguntou Tremal-Naik.

— Poucas e não muito agradáveis, chefe — respondeu o feitor.

— O que aconteceu? — perguntou Sandokan, franzindo o cenho.

— O *manti* escapou.

— Escapou? — exclamaram ao mesmo tempo Sandokan e Tremal-Naik, sem poder ocultar a surpresa.

— Fazem três dias que desapareceu, patrão.

— Então não o estava vigiando? — gritou o chefe pirata.

— Sim, com enorme cuidado, Sandokan, eu lhe asseguro.

— E, mesmo assim, ele escapou — comentou Yáñez.

— Esse homem deve ser um feiticeiro, ou um demônio, eu não sei! O certo é que não está no barco.

— Explique-se! — ordenou Tremal-Naik.

— O senhor já sabe que o *manti* estava trancado no camarote contíguo ao que ocupava o senhor Yáñez, e que só possui uma janela bem pequena, pela qual ninguém consegue escapar. Há três dias, ao amanhecer, desci para dar uma olhada no camarote. Não havia ninguém. Os dois sentinelas dormiam tão profundamente, que custou-me acordá-los.

— Eu mandarei fuzilá-los! — gritou irado Sandokan.

Então Kammamuri disse:

— Tem que me acreditar, senhor Sandokan, quando lhe digo que eles não tiveram culpa em dormir. Disseram-nos que, ao anoitecer, o *manti* começou a encará-los de um modo que os incomodou profundamente. Parecia como se dos olhos do velho surgissem chispas. Passado um tempo, ele disse: "Durmam, eu lhes ordeno!" E a partir daquele momento não se recordam de mais nada.

— Ele os hipnotizou — disse o senhor De Lussac. — Sei que na Índia existem famosos hipnotizadores. Certamente ele é um deles.

— O que não explica como conseguiu fugir — disse Yáñez.

— O sem-vergonha deve ter esperado o anoitecer para subir à coberta e cair na água, já que o *Mariana* tinha uma prancha que chegava em terra.

— A fuga desse homem destruiu nossos planos — disse Sandokan.

— O mais certo é que partiu o mais rápido possível em busca de Suyodhana, para adverti-lo do perigo em que se encontra.

— A não ser que alguma fera selvagem tenha dado cabo dele. O *manti* roubou alguma arma quando fugiu?

Kammamuri respondeu:

— Sim, o *parang* de um dos sentinelas que o vigiava.

Tremal-Naik, para tranquilizar um pouco Sandokan, disse:

— Amigo, não deve inquietar-se com a fuga desse homem. Existem grandes probabilidades de que alguma fera o devore antes que chegue a Raimangal. A não ser que alguém o ajude, não conseguirá sair destas terras pantanosas.

"Agora, o melhor a fazer é irmos até o *Mariana* e organizarmos um bom plano de ataque."

VII

NA ILHA

Na manhã seguinte, a pequena enseada onde havia se refugiado a embarcação de Sandokan, era abandonada a fim de ir surpreender os tugues em seu próprio esconderijo e resgatar a pequena Damna.

A fuga daquele homem obrigou Sandokan a acelerar seu plano, apesar de ser pouco provável que o *manti* conseguisse enfrentar os extensos canais dos Sunderbunds, infestados de ferozes crocodilos, e atravessar as ilhas repletas de tigres, panteras, e formidáveis cobras cascavel.

Todos os expedicionários embarcaram na pinaça. No parau ficaram somente seis homens e o cornaca.

O barco estava tão carregado que parecia que ia afundar a qualquer momento. Em lugar de descerem até o mar e margearem a costa, que serve de proteção contra as ondas do golfo de Bengala, o que teria encurtado o caminho, dirigiram-se ao lado setentrional para rodear a laguna interior. Ali existiam menos possibilidades de que fossem descobertos se permanecessem entre as ilhas.

Os detalhes do plano já tinham sido estudados minuciosamente. Sempre, é claro, agindo com a maior cautela e astúcia, com o objetivo, antes de tudo, de salvar a menina. Haviam deixado para mais adiante o ataque definitivo, que se conseguissem realizar, destruiria por completo aquela terrível seita, e com ela o Tigre da Índia.

Um vento fresco que soprava do sul desde a madrugada favorecia a marcha da pinaça. Um pouco antes do meio-dia, o pequeno veleiro chegou ao extremo setentrional de

Raimatla, entrando no grande lago interior que se estende desde as ribeiras das selvas do Ganges até as ilhas que formam os Sunderbunds.

— Se o vento não cessar — disse Tremal-Naik a Sandokan, que observava com cuidado aquelas terras baixas, — chegaremos antes de meia-noite ao cemitério flutuante de Mangal.

— Acha mesmo que encontraremos um bom lugar para ocultar a pinaça?

— Conheço o Mangal perfeitamente, pois vivia em suas margens quando caçava tigres e serpentes na selva negra. Talvez ainda exista a cabana que me serviu de refúgio durante tanto tempo. Gostaria de vê-la novamente, porque foi em seus arredores que encontrei, pela primeira vez, aquela que se tornou minha mulher.

— Refere-se a Ada?

— Sim. Em uma linda tarde de verão ela me apareceu como uma deusa. Nunca esquecerei este momento.

— E como os tugues permitiam que a virgem do pagode passeasse sozinha pela selva?

— E o que havia a temer? Ela não podia escapar, pois estavam certos de que ela não se atreveria a cruzar a imensa selva, e desconheciam que eu estivesse ali.

— Você a via sempre?

— Sim, todos os dias ao pôr-do-sol. Nós nos olhávamos em completo silêncio. Eu acreditava ser ela uma deusa e não me atrevia a perguntar-lhe nada. Mas uma tarde ela não veio. Naquela mesma noite os tugues assassinaram um serviçal meu, que eu enviara às margens do Mangal.

— Foi então buscá-la no pagode?

— Sim. Ali vi como vertia sangue humano ante a horrenda imagem de Kali, mas o fazia chorando e maldizendo aqueles canalhas.

— Então é verdade que os tugues o surpreenderam e que Suyodhana, seu grande chefe, atravessou seu peito com um punhal?

68

— De fato — respondeu Tremal-Naik. — Se sua mão não tivesse tremido naquele instante, não estaria aqui contando-lhe esta história. No entanto, antes que me ferisse, matei um bom número daqueles malvados, e só então caí em suas mãos, depois de uma luta desesperada.

— Como desceu até o pagode?

— Por uma corda que sustentava um lustre.

— Ela ainda existe?

— Sirdar disse-me que sim.

— Magnífico. Então utilizaremos o mesmo esquema — disse Sandokan. — E se Damna estiver lá, a libertaremos.

— Primeiro devemos aguardar que Sirdar nos dê o sinal.

— Confia nele?

— Completamente — respondeu Tremal-Naik. — Odeia aos tugues tanto quanto nós.

— Será um grande aliado se não nos trair. — Prometi-lhe uma fortuna se conseguir nos ajudar a libertar a menina.

— Cumprirá sua promessa, estou certo disso. E também nos ajudará a salvar a bailarina.

— Tomara que a tenham levado para os subterrâneos.

— É bem possível.

— Nós a salvaremos, mas temos que agir com cautela. Damna será para você, Surama, para Yáñez, e para mim, a pele do Tigre da Índia – disse Sandokan, enquanto em seus lábios desenhava-se um sorriso de satisfação. — Hei de tê-la, ou não regressarei a Mompracem!

Naquele preciso momento Sirdar chegou, apontando-lhes uma ilha.

— Essa é Rima, a primeira das quatro ilhas que ocultam a ilha de Raimangal pelo ocidente. Avancemos ao norte, sahib. Aquela é nossa rota.

— Devemos evitar Port-Canning — alertou Tremal-Naik. — Nessa estação pode haver algum espião de Suyodhana.

— Cruzaremos pelo canal interior — respondeu Sirdar. — Assim ninguém poderá nos ver.

69

— Assuma o timão.

— Sim, sahib, é melhor. Guiarei a embarcação.

Instantes mais tarde o veleiro virava de bordo, dobrando o extremo setentrional de Rima e adentrando em outro canal, bem amplo.

Às seis da tarde haviam atravessado o canal e o cemitério flutuante apontado por Tremal-Naik já estava bem próximo.

Centenas de cadáveres procedentes do Ganges, já que Mangal é um afluente seu, flutuavam sobre as águas turvas.

As terras estendiam-se pouco a pouco, e Raimangal se prolongava até a selva continental.

O Tigre da Malásia ordenou arriar as duas velas grandes, e sondar constantemente o rio, com medo da embarcação encalhar.

Tremal-Naik colocou-se perto do timoneiro para ensinar-lhe a rota a seguir.

O veleiro seguiu o curso do rio durante uns vinte minutos, até penetrar em uma pequena enseada coberta de árvores, que não deixavam passar quase luz alguma.

— Iremos nos deter aqui — disse Tremal-Naik. — Veja que será fácil ocultar a pinaça entre a vegetação, quando recolhermos os mastros.

— E não há perigo que alguém nos veja? — perguntou Yáñez.

— Não, a selva é muito espessa.

— Onde fica o pagode dos tugues?

— A uns dois quilômetros de distância, às margens de um lago.

— Sirdar!

O jovem acudiu ao chamado de Sandokan imediatamente.

— Amigo, chegou o momento de começar a trabalhar.

— Estou preparado, sahib.

— Temos sua palavra. Não a esqueça!

— Posso ser desprezível por muitas razões, mas estejam certos de que sempre cumpri minha palavra.

70

— Quais são os seus planos?

— Tentarei ver Suyodhana, e lhe direi que a pinaça caiu em poder de algumas pessoas que nos atacaram e mataram a toda a tripulação, e que fui o único a conseguir escapar.

— Ele irá acreditar?

— Acho que sim.

— E então?

— Verificarei se a menina está ainda nos subterrâneos, e os avisarei em qual noite ela irá oferecer sangue diante da estátua da deusa. Deverão estar preparados então. Mas, sobretudo, não deixe que os vejam.

— Como irá nos avisar?

— Eu lhes enviarei Surama.

— Você a conhece?

— Sim, sahib.

— E se ela ainda não tiver sido enviada a Raimangal?

— Nesse caso, virei eu mesmo.

— A que hora costumam fazer a oferta de sangue?

— À meia-noite.

— E como poderemos entrar no pagode sem que nos vejam?

— Como já disse — respondeu o bengali. — Escalando a cúpula e descendo pela corda que sustenta o lustre central, se é que ainda existe.

— Sim, sahib. Mas, de todo jeito, é preciso muita prudência. Os homens que não entrarem devem esconder-se na selva. Ali devem permanecer até que ouçam soar a *ramsimga*.

— Quem a tocará?

— Eu, senhor. Também estarei dentro do pagode quando do forem atacar Suyodhana.

— É ele quem leva a menina ao local onde se faz a oferenda de sangue? — perguntou Yáñez, aproximando-se.

— Sim, sahib. Ele está sempre presente nestas cerimônias.

— Pode partir — disse Sandokan. — E lembre-se que se conseguirmos colocar as mãos em Damna e Surama, receberá uma fortuna. Mas se nos trair, não abandonaremos os Sunderbunds sem antes castigá-lo.

— Cumprirei a palavra que lhes dei — afirmou Sirdar com voz solene. — Não sou um tugue, sou um brâmane!

Pegou a carabina que Kammamuri lhe entregava e saltou para a margem agilmente, desaparecendo momentos depois na escuridão.

— Será ele capaz de devolver-me minha filha? — perguntou ansioso Tremal-Naik. — O que acha, Sandokan?

— Sirdar me parece valente e leal, e creio que cumprirá sua perigosa missão sem vacilar um instante sequer. Agora tenhamos paciência e arrumemos nosso acampamento.

A tripulação já havia ocultado a pinaça, tirando os mastros e armamentos.

Primeiro transferiram as armas para terra, com parte da munição, as caixas de provisões e as tendas. Em seguida empurraram o barco em direção às plantas, entre as quais haviam aberto, com a ajuda dos *parangs*, um clarão para poder escondê-lo.

Depois disso, cobriram o convés com montes de junco e folhas, e a embarcação ficou completamente escondida.

Sandokan, Yáñez e Tremal-Naik, junto com um grupo de dayakos, haviam adentrado a vegetação para alcançar os limites da selva e estabelecer ali um posto avançado.

Sambigliong e Kammamuri, por sua parte, preparavam outro posto às margens da costa ocidental, a fim de vigiar quem pudesse chegar pelos Sunderbunds.

Mas a principal razão de estabelecer-se este último posto era para evitar que o *manti* pudesse chegar aos tugues, caso conseguisse sair ileso da selva.

Eram já duas horas da madrugada quando, depois de espalhar os sentinelas, os chefes e uma boa parte da tripulação foram descansar.

Nenhum acontecimento perturbou o descanso do acampamento aquela noite.

No dia seguinte, Sandokan, Yáñez e Tremal-Naik, a quem a impaciência não deixava dormir, exploraram a selva, acompanhados de Darma e Punthy, alcançando uma zona de onde se podia ver o templo dos seguidores de Kali.

Esperaram o anoitecer, imaginando que Sirdar chegaria ou então Surama, mas nenhum dos dois apareceu, e nem o *manti* foi visto em parte alguma.

No entanto, durante a noite escutaram várias vezes o *ramsinga*. O que significavam aquelas notas impregnadas de uma grande melancolia e que tocavam algo semelhante a uma sonata de inverno?

Eram por acaso sinais daqueles que vigiavam as selvas do continente, ou estavam anunciando algum rito religioso?

A música indiana tem quatro modulações, que se relacionam com as quatro estações do ano. O inverno é melancolia, vivacidade na primavera, languidez no verão e brilho no outono.

Ao escutar aquelas notas, Sandokan e seus homens saíram precipitadamente de suas tendas, acreditando ser o aviso da chegada de Sirdar. Mas assim não foi, e isso só aumentou-lhes a inquietude.

Passou-se também um segundo dia sem que acontecesse nada de particular. Sandokan e Tremal-Naik, no cúmulo da impaciência, decidiram realizar à noite uma nova exploração e tentar entrar no templo. Mas ao anoitecer um dos sentinelas do bosque chegou correndo.

— Capitão! — disse o malaio. — Alguém se aproxima. Vi que os juncos moviam-se como se alguém procurasse abrir caminho.

— Será Sirdar? — perguntaram ao mesmo tempo Sandokan e Tremal-Naik.

— Não sei, porque não consegui ver.

— Leve-nos até lá — disse Yáñez.

Empunharam suas carabinas e seus cris, e juntamente com o senhor De Lussac, puseram-se a caminho, seguindo o malaio. Darma ia com eles.

Assim que entraram na selva viram agitar-se os extremos de alguns altos juncos. Não cabia dúvida de que alguém tentava abrir caminho.

— Vamos cercá-lo! — disse Sandokan em voz baixa.

E já se dispunham a fazê-lo quando uma voz, bem conhecida de todos, exclamou:

— Boa tarde, sahibs! Sirdar me enviou!...

VIII

A CATÁSTROFE

Surama, a linda bailarina, apareceu por entre os juncos empunhando um *tarwar*, com o qual havia aberto caminho entre as plantas que cobriam o lamacento solo da ilha.

Vestia de novo o luxuoso e pitoresco traje das bailarinas religiosas, com o leve corpete de madeira e o pequeno colete de seda azul com bordados em prata.

Foram todos a seu encontro, inclusive Darma, que manifestava sua alegria esfregando o focinho no colete da jovem.

— Querida Surama! — exclamou Yáñez, visivelmente emocionado. — Pensei que não voltaria a vê-la.

— Como pode ver, sahib, ainda estou viva — respondeu a jovem, sorrindo. — No entanto, eu mesma não tinha certeza do que iria me acontecer.

— Quem te mandou? — perguntou Tremal-Naik.

— Sirdar. Encarregou-me de preveni-los que hoje, à meia-noite, acontecerá a oferenda de sangue diante da imagem de Kali.

— E quem irá vertê-lo? — inquiriu, angustiado, o bengali.

— A virgenzinha do templo.

— Canalhas! Você viu a minha filha?

— Não pude ver ninguém, somente Suyodhana e os sacerdotes.

— Sirdar disse-lhe mais alguma coisa?

— Que este será o último sacrifício de sangue que se fará, porque os estranguladores irão dispersar-se novamente para acudir em auxílio dos sublevados de Luchnow e de Délhi.

— Então, estourou nova revolta?

— Sim, e de uma forma horrível, senhor — respondeu Surama. — Segundo ouvi dizer, os regimentos de sipaios fuzilaram os oficiais. Ao que parece, em Cawnpore e em Luchnow assassinaram todas as famílias inglesas e a *rani* de Barrekporre levanta a bandeira da revolução. O norte da Índia está em pleno motim.

— E Suyodhana decidiu unir-se aos rebeldes?

— Sim, mas principalmente porque não se sente seguro aqui. Sabe que o pai da menina dirige-se a Raimangal.

— Quem lhe contou?

— Os espiões que os seguiram pela selva.

— Ele já sabe que estamos nesta região? — perguntou Sandokan.

— Os tugues não sabem, porque perderam sua pista quando abandonaram a torre de Barrekporre. Sirdar me explicou tudo.

— E porque veio sem ele? — perguntou Tremal-Naik.

— Ele quer vigiar Suyodhana, pois teme que este desapareça de uma hora para outra.

— Irá ficar conosco? — inquiriu Yáñez.

— Não, sahib branco — respondeu Surama. — Sirdar me espera, e creio que para os senhores é melhor que permaneça com os estranguladores até que partam.

— Tem algo mais a nos comunicar? — perguntou Sandokan.

— Sim, no caso de Suyodhana decidir fugir, Sirdar o acompanhará. Adeus, sahib branco! Não tardaremos a nos encontrar novamente! — disse a jovem, apertando a mão de Yáñez.

— Eu lhe aconselho — acrescentou Sandokan, — a, tão logo entremos no esconderijo dos tugues, fugir dos subterrâneos. Saia do templo ao escutar o primeiro disparo.

— Sim, sahib, assim o farei.

— Os subterrâneos não se comunicam com o tronco do *baniam* sagrado? — inquiriu Tremal-Naik.

— Não, essa passagem foi fechada. Só lhes resta o recurso de entrar pela galeria que comunica com o templo. Boa noite, sahibs. Desejo-lhes sorte em sua empresa.

E depois de dirigir a todos um sorriso, desapareceu entre os juncos.

— Já era hora — disse o chefe pirata, uma vez ficaram sós. — Vamos nos preparar.

— Levaremos todos os nossos homens? — perguntou De Lussac.

— Seria demasiado — respondeu Sandokan. — Escute, Tremal-Naik, você que já conhece o templo, o que nos aconselha?

— O grosso do contingente deve ficar escondido na vegetação que rodeia o lago — respondeu o bengali. — Nós desceremos até ao templo e iniciaremos o ataque. Uma vez minha filhinha Damna esteja a salvo, iremos em perseguição a Suyodhana. Creio que é o melhor.

— Jurei não regressar a Mompracem sem levar comigo a pele do Tigre da Índia! — disse Sandokan.

Depois de retornarem ao acampamento, mandaram alguns homens até o canal ocidental para retirar os sentinelas, pois queriam que todos estivessem dispostos para atacar com eficácia aos seguidores de Suyodhana.

Já era tarde da noite quando Sandokan, Yáñez, Tremal-Naik e De Lussac, com quatro malaios, abandonaram o acampamento. Diante deles marchava Darma.

Iam armados com carabinas, pistolas e *parangs*, além de levarem cordas para escalarem a cúpula do templo.

Uns trinta homens, todos eles malaios e dayacos, sob as ordens de Sambigliong, marchariam um pouco atrás.

Tremal-Naik e Kammamuri, que conheciam perfeitamente a ilha, guiavam o primeiro destacamento. Avançavam com grandes precauções, já que sabiam que se podia esperar um ataque tugue a qualquer momento.

No momento seus temores não pareciam ser justificados, já que Punthy, o fiel e valente cão, não se mostrava inquieto.

Aparentemente, a selva estava deserta, e só o uivo dos chacais rompia o silêncio.

O templo dos tugues levanta-se no extremo oposto. Tratava-se de um imenso edifício com uma grande cúpula. Nos muros distinguiam-se cabeças de elefantes e deidades, unidas umas às outras por meio de várias cornijas, pelas quais podia-se escalar a cúpula facilmente.

Não se via ninguém nas margens ou na planície. As janelas do templo estavam escuras. A oferenda de sangue ainda não havia começado.

— Chegamos a tempo! — exclamou Tremal-Naik.

— Parece-me um pouco estranho que os tugues não tenham posto sentinelas ao redor do templo, sabendo que nós andamos por perto.

— Não gosto deste silêncio — disse Yáñez. — E você, o que acha, Tremal-Naik?

— Não sei, mas também não me encontro tranquilo – respondeu o bengali.

— Nem mesmo o tigre — acrescentou o francês naquele momento. — Observem-no!

De fato, Darma, que até então estava atrás do grupo sem demonstrar sinais de inquietude, acabava de deter-se entre uma gigantesca fileira de bambus que se prolongava em direção ao templo, e que era preciso cruzar, já que era impossível atravessar a margem oposta do lago, pois o terreno era instável.

O animal erguia as orelhas como tentando perceber algum barulho distante. Abanava o rabo com grande nervosismo, golpeando as costas e lançando débeis grunhidos.

— Sim — disse Tremal-Naik, — Darma farejou o inimigo.

Sandokan, dirigindo-se então ao grupo, ordenou:

— Aconteça o que acontecer, não disparem. Deixem-me pegar o homem desprevenido.

— Não, Sandokan! — exclamou Tremal-Naik. — Tendo Darma a nosso lado, não é preciso nos preocuparmos. Será ela que se encarregará de surpreender o homem que está escondido.

— Muito bem — respondeu Sandokan.

— Vocês, sigam-me de perto.

Pouco a pouco aproximou-se do tigre, que continuava mostrando sinais de excitação, e acariciando-lhe as costas, olhou-a fixamente nos olhos e disse:

— Siga-me, Darma!

E voltando-se para Sandokan e seus companheiros, exclamou:

— Agachem-se e avancem de rastros.

Pendurou a carabina nas costas, empunhou o *parang* e penetrou com todo o cuidado por entre os espessos bambus.

O fiel animal o seguia a três ou quatro passos de distância.

No matagal não se ouvia o menor ruído, no entanto, Tremal-Naik sabia instintivamente que ali se encontrava alguém os vigiando.

Mal percorrera cinquenta passos, encontrou-se de repente diante de uma senda que parecia conduzir ao templo.

Ergueu-se para ver se havia alguma pegada suspeita e, de repente, escutou quase ao seu lado um ruído entre os juncos. No mesmo instante uma corda enlaçou-o pelos ombros, enquanto lhe oprimia o peito com uma força irresistível.

Ao levantar o *parang* para cortar, de um golpe só, a corda, sentiu uma violenta sacudidela que o fez cair ao chão.

— Eu o surpreendi — disse uma voz bem próxima.

Imediatamente saiu do juncal um homem desnudo, que se lançou sobre ele.

Naquele preciso momento uma sombra cruzou por cima dos bambus. O tugue, derrubado instantaneamente, lançou um grito de horror e caiu ao chão. Darma caíra sobre ele, destroçando-o com suas agudas presas e suas terríveis garras.

Sandokan, que se encontrava bem perto, acudiu depressa, empunhando o *parang*. Mas quando chegou junto a Tremal-Naik, este já se levantara e se livrara do laço que o tugue lhe lançara.

— Ele te pegou? — perguntou.

— Sim, mas não teve tempo de me estrangular — respondeu o bengali, esfregando o peito. — Tinha muita força,

80

e se não fosse pela rápida ação de Darma, a estas horas eu já estaria morto.

Naquele instante chegavam Yáñez, De Lussac e os malaios.

— Não façam ruído — aconselhou Tremal-Naik. — Talvez hajam mais tugues escondidos!

Escutaram atentamente, mas só se ouvia o ruído dos juncos embalados pela brisa noturna.

— Vamos! — indicou Tremal-Naik.

Retomaram a marcha em meio do mais profundo silêncio. Cinco minutos mais tarde chegavam em frente ao templo.

Detiveram-se por alguns momentos para examinar as sombras que projetavam as imponentes cabeças de elefante, deidades e as amplas cornijas. Então colocaram-se sob uma enorme escultura, a representação de Supramanier, um dos quatro filhos de Shiva.

O bengali, que era muito ágil, agarrou-se a uma das pernas do colosso e, depois de alcançar o peito, subiu em um dos braços da estátua, sentando-se depois em cima da cabeça. Então amarrou uma corda e a lançou a seus amigos.

— Rápido! — disse-lhes. — Daqui pode-se escutar melhor.

Sobre a estátua havia a tromba de um elefante. Tremal-Naik agarrou-se a ela, colocou-se sobre a cabeça de pedra do paquiderme e, finalmente, pôde alcançar a primeira cornija sem nenhuma dificuldade.

O Tigre da Malásia e seus amigos seguiam-no bem de perto.

Haviam mais estátuas sobre a cornija. Passando de uma para outra, os audazes aventureiros alcançaram o final da cúpula, detendo-se diante de um buraco circular, ao qual cruzava uma barra de ferro, e em cujo extremo havia uma bola de metal dourado.

— Foi por este mesmo lugar, há seis anos, que desci para ver como a mãe de minha pequena Damna oferecia o sangue de uma vítima em honra da deusa Kali! — disse Tremal-Naik, com voz embargada.

— E para que Suyodhana o apunhalasse — acrescentou Sandokan.

— Sim, de fato — concordou o bengali, com tom sombrio.

— Vamos ver se agora eles serão capazes de apunhalarnos todos!

Haviam se ajoelhado e olhavam atentamente para a selva, pois Darma dirigia-se para ali naquele instante.

— Nossos homens já estão aqui! — disse. — Olhem, Punthy está vindo ao encontro de Darma!

— Acudirão ante o primeiro disparo que escutarem.

— Terão tempo de escalar a cúpula? — perguntou Yáñez.

— Kammamuri sabe onde fica a porta do templo — respondeu Tremal-Naik. — Eles a explodirão com pólvora.

— Vamos logo! — disse Sandokan.

Tremal-Naik pegou uma grossa corda, e baixando-a suavemente pelo buraco, puderam escutar um barulho metálico.

— É o lustre, tenho certeza — esclareceu.

— Deixe-me ser o primeiro a descer! — disse Sandokan.

— A estátua está debaixo do lustre. Sua cabeça é grande o bastante para que possa apoiar os pés nela sem medo de cair.

— Muito bem.

Depois de ajeitar as pistolas e o *parang* na faixa, Sandokan agarrou a corda, iniciando a descida lentamente, sem sacudidelas, para que o enorme lustre não balançasse.

O interior do templo encontrava-se às escuras, e reinava o mais profundo silêncio.

O chefe pirata deixou-se resvalar mais rapidamente, até que deu com os braços no lustre. Depois de soltar a corda, segurou-se a um travessão de metal e soltou-se, balançando no vazio.

Seus pés não tardaram em tropeçar em algo duro.

— Tomara que seja a cabeça da deusa!

Assim que firmou-se, soltou o lustre e começou a deslizar pelo corpo da deusa, de enormes dimensões.

83

Sandokan olhou ao seu redor sem conseguir enxergar nada. Somente ao olhar para cima, onde se via o buraco salpicado de estrelas, descobriu que uma sombra baixava através da estreita abertura.

— Deve ser Tremal-Naik — murmurou.

De fato, era o bengali quem descia.

— Escutou algo? — perguntou-lhe.

— Não — respondeu Sandokan. — Parece como se os tugues tivessem fugido.

Tremal-Naik notou que sua fronte cobria-se com um suor gelado.

— Não! — exclamou. — É impossível que nos tenham traído!

— No entanto, já é meia-noite e creio...

Suas palavras foram cortadas por um grande estrondo que parecia vir de debaixo da terra.

— O que é isso? — perguntou Sandokan.

— Não se assuste — respondeu o bengali. — É o *hauk*, o grande tambor das cerimônias religiosas. Os tugues não fugiram. Estão reunindo-se. Depressa amigos! Desçam!

Yáñez e os outros estavam sobre a cabeça da deusa, mas ao escutar aquele barulho, apressaram-se a descer, arriscando-se a romper a corda do lustre.

Quando soou de novo o *hauk*, os oito homens já estavam reunidos.

— Vamos! Ali há uma espécie de capela – disse Tremal-Naik. — Vamos nos ocultar ali!

Os estranhos ruídos seguiam ressoando debaixo da terra. Escutavam-se tambores, gritos distantes, campainhas soando e o som de trombetas.

Parecia haver estourado uma revolta entre os moradores daqueles imensos subterrâneos.

Sandokan, Tremal-Naik e seus companheiros ocultaram-se na capela. E mal o haviam feito, quando se abriu, com estrépito, uma porta. Um grupo de homens totalmente nus, untados com azeite de coco e gritando furiosamente, entraram no local.

Eram cerca de quarenta, trazendo tochas, e empunhando laços, lenços de seda negra com uma bola de chumbo na ponta, facas e *tarwars*.

Um velho extremamente magro e com uma longa barba branca havia aberto passagem violentamente por entre aquela multidão.

— Olhem! Ali estão os profanadores do templo! — gritou, enquanto apontava para a capela. — Acabem com eles!

Tanto Sandokan quanto Tremal-Naik lançaram ao mesmo tempo gritos de fúria e de surpresa.

— O *manti*!

Como era possível que aquele homem, que fugira sem armas através das pantanosas terras dos Sunderbunds, conseguisse escapar ileso dos perigos da selva?

E como ele aparecia à frente daqueles fanáticos, em lugar de Suyodhana trazendo a pequena Damna para fazer a oferenda de sangue?

Haviam visto eles escalarem o templo ou fora Sirdar quem os traíra?

IX

O Esconderijo dos Estranguladores

Nem Sandokan, nem seus companheiros tiveram tempo de explicar o que ocorrera. Os estranguladores os atacaram por todos os lados, com laços, lenços de seda, *tarwars* e facas.

— Morte aos profanadores do templo! Kali! Kali!

O Tigre da Malásia, sem amedrontar-se nem um pouco, saiu da capela e apontou sua carabina para o *manti*, que marchava diante dos tugues, empunhando um sabre.

— Velho maldito! — exclamou. — A primeira bala será para você!

Ressoou um tiro, que sob a cúpula do templo produziu o estampido de uma bomba.

O *manti* soltou a arma e levou a mão ao peito.

Permaneceu um instante imóvel, olhando para Sandokan com ira e raiva. Depois caiu pesadamente aos pés da estátua que se erguia no centro do pagode.

— Vinguem-me! — exclamou, com voz embargada. — Matem-no e destruam-no! Kali assim o ordena!

Os estranguladores detiveram-se estupefatos ao ver cair o *manti*, o que deu tempo para que Tremal-Naik, Yáñez, De Lussac e os quatro malaios se reunissem junto ao chefe pirata, que deixou a carabina para empunhar o terrível sabre.

Só durou um instante a hesitação dos seguidores da deusa sanguinária. Confiando no fato de serem mais numerosos que seus inimigos, lançaram-se novamente ao ataque, voltando aos laços e lenços de seda.

O Tigre da Malásia, que percebeu o perigo que corriam se se deixassem cercar, precipitou-se para a parede mais próxima.

— Peguem os *parangs*! — gritou para seus amigos, enquanto apoiava as costas na parede. — Tenham cuidado com os laços!

Yáñez, Tremal-Naik e seus companheiros fizeram uma descarga mortal que fez cair vários tugues, ao que uniu-se Sandokan, desferindo golpes em todas as direções, para cortar os laços que caíam sobre eles continuamente.

O ataque do chefe pirata e as baixas sofridas esfriaram o ardor combativo dos estranguladores, que haviam pensado derrotar sem resistência aquele pequeno grupo de adversários.

Para reanimá-los, o velho *manti*, que ainda se debatia no chão, gritou com voz rouca:

— Matem-nos! Destrocem-nos! O paraíso de Kali será para aquele que... para aquele que...!

A morte cortou-lhe as palavras, mas suas promessas foram ouvidas por todos.

O paraíso de Kali aguardava os que morressem lutando! Não era preciso mais nada para reanimar aqueles fanáticos.

Atacaram novamente, vociferando de um modo horroroso. No entanto, tiveram que recuar ante o fogo de seus inimigos.

Vários tugues caíram mortos ou feridos. Sandokan e seus companheiros não cessavam de disparar.

Somente um laço alcançou o senhor De Lussac, apresando-lhe um braço e a garganta. Mas Yáñez cortou-o logo, com um golpe certeiro de seu *parang*.

Então, quando Sandokan viu que os tugues recuavam desordenadamente, não lhes deu tempo de reorganizarem-se e tentarem novo assalto.

— Vamos! — gritou. — Vamos pegar esses bandidos!

O Tigre da Malásia lançou-se com o arrojo de uma fera, desferindo seus golpes mortíferos a torto e a direito.

Seus amigos foram atrás, enquanto que os malaios, gritando como selvagens e saltando como antílopes, atacavam todos que ousavam enfrentá-los.

Os tugues, ao se verem impotentes para rechaçar aquele ataque furioso, correram em direção à estátua, agrupando-se ao seu redor. Uma vez ali, como se sentissem estar protegidos pela deusa, dispuseram-se novamente para a luta.

O chefe pirata, irado ao encontrar uma resistência que considerava acabada, arremeteu impetuosamente, tentando desfazer suas fileiras.

A luta tornou-se espantosa. Os golpes dos *parangs* choviam sobre os estranguladores. Mas, apesar disso, não conseguiam dizimar os tugues, que opunham enorme resistência.

Sandokan por três vezes conduziu seus homens ao assalto em vão. E já ia tentar novamente quando, de repente, escutou-se ao longe o ressoar do enorme tambor das cerimônias religiosas, seguido de algumas descargas de fuzis de fora do templo.

O Tigre da Malásia soltou uma exclamação:

— Ânimo, companheiros! Nossos homens já correm a nos ajudar! Todos ao ataque contra esses miseráveis!

Não foi preciso tentar uma nova investida, porque, assim que escutaram o soar do *hauk*, os tugues começaram a correr apavorados pela porta que, provavelmente, comunicava-se com as galerias do templo subterrâneo.

Sandokan, ao vê-los fugir, não hesitou um instante, e tratou de segui-los.

— Adiante, amigos! — gritava. — Vamos persegui-los até seu esconderijo!

Ao escapar, os estranguladores haviam abandonado algumas tochas. Yáñez e Tremal-Naik recolheram,cada um, uma delas e correram atrás do chefe pirata.

Os tugues, já na porta, entraram precipitadamente na galeria, empurrando-se uns aos outros.

Uma vez lá dentro, e como conheciam perfeitamente os subterrâneos, apagaram as tochas para que não pudessem disparar contra eles.

A galeria mergulhou nas trevas, mas podia-se ouvi-los correndo, e seus passos ressoavam fortemente sob o teto.

Tremal-Naik, que temia uma emboscada, tentou deter Sandokan.

— Vamos aguardar a chegada de seus homens — disse-lhe.

— Nós bastamos! — replicou o pirata, nos deteremos mais à frente!

Tomou a tocha que Yáñez levava, e entrando audazmente pelo tenebroso corredor, sem inquietar-se pelo contínuo redobrar do *hauk*, que talvez estivesse chamando a todos os estranguladores.

Outra razão que o empurrava a seguir atrás dos tugues era o temor de que Suyodhana escapasse com a criança. E esta inquietude o fazia apressar-se sem calcular os riscos a que se expunha.

Enquanto corriam, gritavam para fazer com que os fugitivos pensassem que eram muitos, e que o medo se espalhasse entre eles.

A passagem descia para os subterrâneos.

Tratava-se de uma galeria irregular, escavada em algum veio rochoso, de pouco mais de dois metros de largura e outros tantos de altura, interrompida em alguns trechos por pequenos degraus.

Todos os muros ressumavam umidade, e do teto pingavam enormes gotas, como se ali em cima passasse algum rio.

Os tugues prosseguiram sua corrida sem oferecer a menor resistência, o que teria sido fácil de tentar em uma galeria tão estreita.

Os piratas de Mompracem, Tremal-Naik e De Lussac os seguiam de perto, vociferando e fazendo alguns disparos.

Pareciam decididos a chegar até o templo subterrâneo, e aguardar ali a seus homens, a quem já supunham dentro do templo, pois podiam ouvir ao longe o rumor de descargas de carabina.

Sempre perseguindo os adoradores da deusa Kali, percorreram cerca de quatrocentos ou quinhentos passos. De repente encontraram-se diante de uma porta,a qual os tugues não tiveram tempo de fechar. Era uma enorme porta de bronze, que dava passagem para uma caverna que descrevia um amplo círculo.

— Não vamos seguir adiante! — exclamou Tremal-Naik.

Sandokan, que ainda escutava ao longe os tugues, exclamou:

— Não! Vamos em frente!

— E seus homens?

— Não se preocupe, irão chegar! Além disso, Kammamuri está com eles, e os guiará. Sigamos em frente, antes que Suyodhana tenha tempo de escapar com Damna!

— Sim, adiante! — exclamaram Yáñez e o senhor De Lussac ao mesmo tempo.

Entraram na caverna, dirigindo-se para a segunda porta, pela qual tinham saído os tugues. Mas no mesmo instante escutaram um formidável estrondo. Sandokan se deteve.

— Fecharam a porta!

— Por Baco! — exclamou Yáñez, sentindo um estremecimento percorrer-lhe o corpo dos pés à cabeça, apagando-lhe todo o entusiasmo. — Caímos numa armadilha.

Ali não se escutavam nem os tiros dos tigres de Mompracem, nem os gritos dos fugitivos, nem os sonoros batidos do *hauk*.

— Eles nos trancaram neste maldito lugar! Isto quer dizer que atrás de nós deixamos alguns inimigos!

— Tem razão — disse Tremal-Naik.

— Cometi um grave erro ao arrastá-los nesta perseguição, não dando ouvidos a suas palavras, Tremal-Naik. Mas minha intenção era alcançar o templo o quanto antes, para que Suyodhana não tivesse tempo de fugir com Damna.

— Não vamos nos dar como vencidos, capitão! — disse De Lussac. — Seus homens dispõem de potentes bombas e poderão derrubar as portas.

— Já não se ouve nada — notou Yáñez. — Talvez nossos companheiros tiveram que recuar ante o grande número de tugues que os atacavam.

— Nisso não acreditarei jamais — respondeu o Tigre da Malásia. — Uma vez que nossos homens se lancem ao ataque, não há força que os detenha. Estou plenamente convencido de que invadiram o pagode e que estão forçando a porta da passagem neste momento.

Tremal-Naik, que até então se mantivera calado, disse:

— Apesar de tudo, estou inquieto e temo que o Tigre da Índia aproveite a ocasião para fugir com minha filha.

— Sabe se existe alguma outra saída? — perguntou Sandokan.

— A que conduz ao *baniam* sagrado.

— Sirdar nos assegurou que agora ela está fechada — disse.

— Pode ser que a tenham aberto novamente — respondeu Tremal-Naik. — Entre o pessoal de Suyodhana não escasseiam os homens com braços robustos.

— Kammamuri conhece a existência dessa passagem? – perguntou Sandokan.

— Sim.

— Nesse caso, não seria de estranhar que houvesse mandado vigiar a saída.

Naquele momento, o senhor De Lussac, que estivera examinando os arredores da caverna, disse:

— O melhor a fazer é tentar sair desta ratoeira.

— Tem razão! — disse Sandokan. — Com esta conversa inútil estamos perdendo um tempo precioso! Senhor De Lussac, examinou bem as portas?

— Sim, as duas — respondeu o francês, — e creio que para sair daqui será preciso uma boa quantidade de explosivos. As portas são de bronze, e de uma boa espessura.

— Não viu nenhuma outra passagem?

— Não, senhor Sandokan.

— Então, o que fazem os nossos homens? — exclamou Yáñez, que já começava a perder sua calma habitual. — Já deveriam estar aqui!

92

— Esta situação está se tornando insustentável. Sandokan, vamos procurar um meio de sair daqui antes que os tugues nos surpreendam!

— Veremos se eles se atrevem a entrar! Temos uma boa provisão de balas e pólvora!

— Amigo, em certa ocasião, eu e Kammamuri nos refugiamos em uma destas cavernas, e por pouco não nos assam vivos. Para que nós nos rendêssemos, poderiam repetir algo parecido.

— Espero que meus homens os impeçam.

Naquele momento Yáñez, que estava escutando através da porta da passagem, exclamou:

— Silêncio! Estou ouvindo tiros!

— Vindos de onde?

— Parece-me que do templo.

Rapidamente todos precipitaram-se para a porta e pregaram seus ouvidos no metal.

— São tiros, de fato! — gritou Sandokan. — Meus homens seguem lutando! Temos que nos juntar a eles!

— Não é possível derrubar esta enorme porta! — objetou o senhor De Lussac.

— Vamos tentar explodi-la! – respondeu o português. — Trago comigo quase uma libra de pólvora, e vocês devem ter aproximadamente a mesma quantidade. Vamos explodir isto aqui!

— Mas vamos todos voar pelos ares — disse Tremal-Naik.

— A caverna me parece bem grande — opinou Sandokan. — Não acha, senhor De Lussac?

— Acho que não há perigo — concordou o francês. – Basta que nos refugiemos no outro extremo da caverna. Eu os aconselho, no entanto, que preparem um explosivo de duas libras somente. Será suficiente para derrubar a porta.

— Mãos a obra! — disse Yáñez. — Comecemos fazendo um buraco no chão.

— Enquanto isso prepararei o explosivo — respondeu De Lussac. — Usaremos meu cinto, que é bem resistente.

Os malaios pegaram seus *parangs* e já se dispunham a cavar um buraco sob a porta quando escutaram várias detonações, acompanhadas de espantosa gritaria.

— O que terá acontecido? — perguntou Yáñez.

— Talvez sejam nossos homens que explodiram a porta do corredor! — respondeu Sandokan.

Mal acabara de pronunciar aquelas palavras, quando Tremal-Naik lançou um grito de raiva, enquanto que uma catarata parecia cair do teto.

— O que acontece? — perguntou Sandokan.

— O que eu temia. Os estranguladores tentam nos afogar. Olhem!

De fato, no extremo oposto da caverna caía uma torrente de água.

— Estamos perdidos! — exclamou Yáñez.

Sandokan manteve-se em silêncio, mas em seus olhos notava-se grande inquietude e preocupação.

— Se nossos homens não chegarem logo, morreremos afogados — disse De Lussac. — O que vocês acham?

— Que agora é inútil preparar o explosivo — respondeu Yáñez.

— O que podemos fazer, Sandokan? — perguntou Tremal-Naik. — Não vamos tentar nada?

O chefe dos piratas não respondeu. Apoiado na parede, com os lábios apertados e o cenho franzido, contemplava a água, que ia subindo aos poucos.

De repente, uma explosão tremenda cortou seus pensamentos.

X

UMA FEROZ INVESTIDA

Enquanto Tremal-Naik se dispunha a escalar o templo, o resto dos homens, conduzidos por Kammamuri e Sambigliong, detinham-se no meio da selva, esperando a ocasião para atacar.

Até aquele momento não tinham visto indícios que os fizessem pensar numa emboscada.

Kammamuri, que conhecia os arredores do templo melhor ainda que Tremal-Naik, posicionou os homens em frente à entrada do templo, a qual se via perfeitamente, por causa das escadas e das grandes colunas que serviam como base a monstruosas estátuas, que representavam Kali dançando sobre o cadáver de um gigante.

O regresso do tigre Darma dava a entender que seu chefe já devia ter escalado a cúpula do templo.

Em vista disso, Kammamuri deu ordem aos homens que avançassem até os limites da selva, objetivando estar preparado e mais perto para correr em auxílio de seus chefe e seus audazes companheiros.

— Logo será meia-noite — anunciou Sambigliong, que estava a seu lado. — Não tardaremos em escutar o sinal.

— Os explosivos estão prontos?

— Sim. Temos doze — respondeu Sambigliong.

— Seus homens sabem utilizá-los?

— Todos estão familiarizados com eles. A porta irá ao chão, mesmo que seja de ferro. Acha que os tugues irão oferecer resistência?

— O mais provável é que não nos deixem levar a pequena Damna sem lutar — respondeu Kammamuri. — Os estranguladores são valentes e enfrentam a morte sem temor.

— Contramestre — interrompeu naquele momento um dos malaios, — vemos luzes nas janelas do templo.

Kammamuri e Sambigliong levantaram-se de um salto.

— Os tugues acenderam o grande lustre — opinou o maharato. — Estão prontos a realizar o ritual da oferta do sangue! Preparem-se para o ataque!

Os trinta piratas levantaram-se, enquanto engatilhavam suas carabinas.

No interior do templo ouvia-se um clamor espantoso. Subitamente escutou-se um disparo de fuzil, seguido de uma descarga cerrada.

— Estão atacando o capitão! — exclamou Sambigliong.

— Adiante, tigres de Mompracem!

— Vamos entrar! — gritou por sua vez Kammamuri.

Em pouco tempo os piratas venceram a distância mas, ao chegaram à porta do templo, estranharam o fato de já não mais se ouvirem disparos, somente gritos que se afastavam, e que extinguiram-se rapidamente.

— Os explosivos! Rápido! — exclamou Kammamuri, depois de empurrar em vão a porta de bronze.

Os malaios precipitaram-se escadas acima, colocando junto da porta duas bombas com as mechas acesas. Mas, inesperadamente, escutaram vozes perto do matagal próximo.

Dois grupos de homens com laços e *tarwars* lançaram-se de surpresa sobre os piratas, os quais, apesar daquele súbito e inesperado assalto, não temeram ou perderam a calma.

Com a rapidez de um raio viraram-se, recebendo aos inimigos mais próximos com uma descarga.

— Juntem-se! — gritava Sambigliong.

Os tugues não paravam de avançar, apesar dos tiros. Uivando como bestas ferozes, lançavam-se enlouquecidos sobre seus inimigos. Mas ignoravam que eles eram os mais te-

96

míveis guerreiros de toda a Malásia, gente habituada às mais sangrentas batalhas.

Os tigres de Mompracem largaram os fuzis para empunhar os sabres, com os quais cortavam os laços que voavam em todas as direções.

Enquanto isso, Punthy e o tigre também causavam baixas entre os espavoridos tugues que caíam sob suas garras.

Juntando costas contra costas, os bravos piratas malaios defendiam-se sem retroceder um passo em sua investida.

Aquela era uma luta terrível. Em dado momento, a uma ordem de Sambigliong, os piratas contra-atacaram tão impetuosamente que deixaram a esplanada limpa de estranguladores.

E ao observar que os tugues retiravam-se atropeladamente, precipitaram-se sobre eles, exterminando a todos que se punham a seu alcance.

As bombas explodiram naquele exato momento, provocando um estrondo ensurdecedor e derrubando a porta.

Alguns tugues subiram as escadas às pressas, metendo-se dentro do templo.

— Deixem-nos! — gritou Kammamuri. — Ao templo! Ali é que está o Tigre da Malásia! Sambigliong, dê-nos cobertura!

E após dizer estas palavras, lançou-se pelas escadas com os dayakos, enquanto que o resto dos homens, sob as ordens de Sambigliong, terminavam de dispersar os estranguladores que pretendiam agrupar-se nas margens do lago.

Os tugues que estavam refugiados no templo, ao darem-se conta que seus inimigos tentavam penetrar nos subterrâneos, trataram de resistir à investida dos dayakos.

Quatro vezes os piratas atacaram com ferocidade, e em todas as vezes tiveram que recuar diante da tenaz resistência dos adoradores de Kali.

Por sorte, os malaios acudiram em seu auxílio rapidamente.

Depois de um par de descargas dos fuzis, que varreu os inimigos que estavam nas escadas, malaios e dayakos precipitaram-se como um ciclone para o interior do tempo.

Desmoralizados pelas baixas sofridas e considerando-se impotentes para resistir ao violento ataque dos piratas, os estranguladores fugiram para a galeria que levava aos subterrâneos.

— E o meu senhor? — exclamou Kammamuri, ao não ver ninguém no templo. — E seus amigos?

— Teriam saído por outra porta? — perguntou-se Sambigliong.

— Talvez tenham sido capturados. De todo modo, ainda devem estar aqui! Reparem nos cadáveres em torno da deusa Kali! Devem ser de suas vítimas.

Uma grande inquietude dominava a todos ao pensar se os tugues haviam conseguido acabar com Sandokan e seus amigos.

Depois de alguns instantes em um silêncio angustiante, Kammamuri propôs explodir a porta e invadir o subterrâneo.

— Acha que o capitão pode estar ali? — perguntou Sambigliong.

— Certamente devem ter entrado na galeria — respondeu o maharato. — Vamos depressa! Talvez estejam em grande perigo!

— Carreguem as carabinas e acendam as tochas! — ordenou o contramestre do *Mariana* a seus homens.

Os malaios já se dispunham a cumprir as ordens imediatamente quando uma porta, escondida atrás de uma estátua de Vishnu, abriu, revelando uma jovem que se precipitou no templo, segurando uma tocha.

— O sahib branco e seus amigos estão se afogando! — gritou. — Vocês precisam salvá-los!

— Surama! — exclamaram em uníssono Kammamuri e Sambigliong, dirigindo-se para a moça.

— Precisam salvá-los! — insistiu a bailarina, chorando desconsoladamente.

— Onde eles estão? — perguntou Kammamuri.

— Em uma das cavernas do corredor! Os tugues estão inundando a galeria para afogar o sahib branco, o Tigre e seus amigos!

— Sabe nos levar até lá?

— Sim! Sigam-me!

— Derrubem a porta! — ordenou Sambigliong.

Os piratas atearam fogo a duas bombas, que colocaram na frente da porta, tratando de se proteger na escada do templo.

Instantes mais tarde a porta veio abaixo.

— Surama, fique atrás de nós — disse Kammamuri, tomando a tocha que a jovem trazia. — E agora, vamos! Rápido, tigres de Mompracem!

Rapidamente entraram na galeria escura, mas não percorreram nem cem passos, porque outra porta lhes impedia a passagem.

— Há outra ainda mais a frente — esclareceu Surama. — É exatamente a porta que fecha a caverna onde eles estão encerrados.

— Por sorte ainda dispomos de munição — replicou Sambigliong.

E trataram de repetir a operação anterior.

— Adiante! — ordenou Kammamuri.

Retomaram a corrida sob aqueles tenebrosos corredores, até chegarem à terceira porta.

Do outro lado escutava-se um barulho estranho. Era produzido pela água que caía do teto.

— Estão aí dentro! — disse Surama.

— Capitão! Senhor Yáñez! — gritou Kammamuri. — Estão me escutando?

E, apesar do estrondo produzido pela queda da água, puderam escutar claramente a voz de Sandokan, que gritava com todas as suas forças:

— São vocês, amigos?

— Sim, capitão!

— Derrubem logo esta porta! Estamos a ponto de afogar!

— Protejam-se! Vamos estourar uma bomba!

A explosão foi rápida.

— Às armas! — gritou Sambigliong, entrando primeiro na caverna.

Todos o seguiram. Mas não avançaram nem cinquenta passos, quando impediu-lhes a passagem uma torrente de água que enchia a galeria.

Tratava-se de um verdadeiro vagalhão, que cessou repentinamente, desviando-se pelo corredor lateral, que tinha um declive mais acentuado.

Depois viram brilhar as tochas, e a voz de Sandokan que dizia:

— Somos nós! Não abram fogo!

Um clamor de alegria surgiu do peito dos trinta piratas, acolhendo a aparição do Tigre da Malásia e de seus amigos.

— Salvos! Salvos! Viva o capitão!

Ainda havia muita água no corredor, mas agora isso não representava perigo.

Sandokan e Yáñez, ao verem Surama, não puderam reprimir uma exclamação de surpresa:

— Você, aqui! Como pode?

— Vocês devem a vida a esta valente bailarina! — adiantou-se Kammamuri. — Foi ela quem nos advertiu do perigo que corriam!

— E como ficou sabendo, Surama? — perguntou Yáñez.

— Pelos tugues que prepararam a armadilha. Eles atraíram vocês aqui com o intuito de afogá-los — respondeu a jovem.

— E o que aconteceu a Sirdar? — inquiriu Sandokan. — Ele nos traiu?

— Não, sahib — respondeu Surama. — Ele está no encalço de Suyodhana.

— O que está dizendo, jovem? — perguntou Tremal-Naik.

— O chefe dos tugues fugiu, uma hora antes de vocês chegarem. E para fazê-lo sem correr perigo, ordenou derrubar a antiga galeria do *baniam* sagrado.

— E minha filha, o que aconteceu com ela?

— Ele a levou.

100

O infeliz pai soltou um grito de dor, cobrindo o rosto com as mãos.

— Fugiu! Fugiu! — repetia sem cessar.

— Mas Sirdar o persegue — consolou-o Surama.

— Qual a direção que tomou? — perguntou Sandokan.

— Foi na direção de Délhi, para pedir ajuda aos revoltosos. Sirdar confiou-me esta carta, antes de partir.

O Tigre da Malásia pegou a carta que a jovem lhe estendia.

— Uma tocha! — ordenou Sandokan. — Que vinte homens fiquem nas entradas da galeria, e que disparem no primeiro que ousar se aproximar! Rápido!

O chefe dos piratas leu então a carta:

"Suyodhana fugiu pelo subterrâneo depois da imprevista aparição do *manti*. Já sabe de tudo e os teme, mas seus homens estão dispostos a lutar e resolvidos a morrer para acabar com os senhores.

"Vamos até Port-Canning, para chegarmos mais rapidamente a Calcutá, onde então embarcaremos para Patna. Ali nos reuniremos a tropas revoltosas que se encontram em Délhi.

"Aconteça o que acontecer, não vou perdê-lo de vista, e cuidarei de Damna.

"No correio de Calcutá encontrarão mais notícias minhas. Sirdar"

Depois da leitura da carta seguiu-se um breve silêncio, interrompido somente pelos soluços de Tremal-Naik.

Todos os rostos voltavam-se para o Tigre da Malásia, cujo rosto demonstrava bem seus sentimentos.

Então ele aproximou-se de Tremal-Naik, colocou a mão em seu ombro e disse:

— Não se preocupe, amigo, não abandonaremos esta região sem termos recuperado sua filha, e também sem levarmos a pele do Tigre da Índia. Sabe muito bem que eu e Yáñez cumprimos com nossa palavra. Suyodhana escapou outra vez, mas nós o encontraremos em Délhi, antes mesmo do que supõe.

101

— E como vamos segui-lo até lá, agora que toda a Índia setentrional encontra-se sublevada? — perguntou Tremal-Naik.

— E o que isso importa? Acaso não somos guerreiros?

E dirigindo-se ao senhor De Lussac, acrescentou:

— O senhor poderia conseguir com o governador de Bengala, em troca do serviço que prestamos aos ingleses, um salvo-conduto que nos permita atravessar o norte da Índia sem que nos incomode o exército que opera por ali?

— Acho que sim, capitão. E tenho quase certeza disso, tratando-se de um homem pelo qual ofereceram dez mil libras esterlinas pela captura.

O chefe dos piratas permaneceu em silêncio por alguns instantes, e então disse:

— Tremal-Naik, você me disse que um rio percorre estes subterrâneos, não foi?

— De fato. É o rio Mangal.

— E também me disse que há uma porta de ferro que comunica-se com o rio, havendo ali um grande conduto.

— Sim, eu o vi várias vezes enquanto estive prisioneiro — respondeu Kammamuri. — Por esse conduto distribui-se a água.

— Saberia nos guiar até ele?

— Sim.

— Está muito distante?

— Temos que atravessar quatro longas galerias e cruzar também o templo subterrâneo.

— Leve-nos até este lugar. Quantas bombas ainda temos?

— Seis — respondeu Kammamuri.

— Existe alguma galeria que possa evitar de termos que explodir alguma porta?

— O passadiço bifurca-se a duzentos passos daqui — respondeu Kammamuri. — Foi por ali que escapou aquele grupo de tugues.

— Tigres de Mompracem! — gritou Sandokan. — Agora vamos lutar pela última vez com os tigres de Raimangal!

Dirigiu-se então a Kammamuri e lhe ordenou:

102

— Vá na nossa frente, mostrando o caminho! Aproxima-se o final dos estranguladores da Índia!

Pouco depois, a reduzida tropa adentrava pela galeria lateral que, segundo o maharato, conduzia ao templo subterrâneo e às cavernas principais, que serviam de morada e refúgio aos seguidores de Suyodhana.

Todos desejavam acabar de uma vez por todas com aquela seita infame, que tantas vítimas fizera para oferecer sangue humano à deusa Kali.

Nem mesmo De Lussac fez o menor protesto contra o cruel, mas merecido castigo que Sandokan propunha-se a aplicar nos tugues.

XI

A CATÁSTROFE

Os estranguladores não haviam dado o menor sinal de vida desde que os piratas invadiram o templo e a galeria. O *hauk* já não soava, mas Sandokan e seus companheiros sabiam que isso não representava o final da luta.

E como esperavam encontrar resistência a qualquer momento, caminhavam com cuidado, alertas a qualquer detalhe que lhes parecesse suspeito.

Kammamuri, que era quem mais conhecia aqueles labirintos, por ter estado preso ali várias vezes, ia na frente, com a tocha colocada na boca do fuzil, com o objetivo de enganar a seus inimigos com relação à direção dos disparos.

Junto a ele marchavam vigilantes o tigre Darma e o cão Punthy.

Imediatamente atrás vinham Sandokan, Yáñez e Tremal-Naik. Na retaguarda marchavam o restante dos homens com o senhor De Lussac e Sambigliong.

Surama ia por último.

A água, que continuava caindo, apagava os passos dos invasores.

— Isso é muito estranho – disse Yáñez. — Já avançamos bastante, e ainda não vimos ninguém.

— Certamente irão nos atacar em qualquer esquina — respondeu Tremal-Naik.

— Eu preferia uma luta furiosa a este horrível silêncio — interveio Sandokan. — Temo uma emboscada!

— Que tipo de emboscada?

— Que tentem algo para nos aniquilar, já que não conseguiram nos afogar na caverna.

— Até agora não vimos nenhuma outra porta, e será fácil retrocedermos ao menor indício de inundação.

— Eu suspeito que organizaram a defesa no templo subterrâneo — respondeu Tremal-Naik.

— De todo jeito, não poderão impedir que entremos ali, ainda que sejam dez vezes mais numerosos do que nós. Quero afogá-los e destruir para sempre este covil de bandidos!

— Alto! — exclamou Kammamuri naquele instante.

O maharato deteve-se em uma curva do caminho, pois tinha visto, no fundo da galeria, vários pontos luminosos agitando-se.

— Os animais farejaram um perigo — disse Tremal-Naik.

— Deitem-se, e ergam as tochas o máximo que conseguirem! — ordenou Sandokan.

Todos pararam e obedeceram as ordens.

A água, que ali fluía em grande quantidade e rapidamente, indicava a descida pronunciada que ali havia.

As luzes continuavam movendo-se, de um lado para outro.

— O que estarão fazendo? — perguntou-se Sandokan. — Sinais?

Punthy voltou a latir.

— Alguém se aproxima — disse Kammamuri.

Mal dissera aquelas palavras, quando retumbou uma grande descarga na galeria e, à luz dos disparos, viram vários homens escorados nas paredes.

Mas haviam mirado demasiado alto, onde brilhavam as tochas, não imaginando que estavam presas no cano das carabinas.

— Fogo! Ao ataque! — gritou Sandokan, colocando-se de pé com presteza. — Alguns homens ficarão aqui de reserva!

Os malaios que iam na frente e que, como já dissemos, eram hábeis atiradores, ao escutar a ordem, abriram fogo contra os tugues. Lançaram-se sobre eles soltando gritos selvagens e empunhando os terríveis *parangs*.

105

Os estranguladores acabaram por fugir em debandada. Sandokan percebeu que a tocha de Kammamuri não iluminava o suficiente para distinguir os homens que fugiam, mas ele não quis deter seus homens, que eram agora um só grupo desejoso de continuar a luta.

A galeria continuava em declive, alargando-se pouco a pouco. As luzes que haviam visto brilhar no outro extremo desapareceram. Os piratas, no entanto, conheciam o terreno em que pisavam.

Aquela corrida desenfreada pelas misteriosas galerias prolongou-se por um curto espaço de tempo, até que Sandokan e Kammamuri, que iam à frente, ordenaram a parada. Ouviram, a pouca distância de onde estavam, um som metálico, como se uma porta de ferro ou de bronze houvesse se fechado violentamente. Punthy começou a latir furiosamente.

— O que aconteceu? — perguntou Yáñez, aproximando-se de Sandokan.

—Parece que os tugues fecharam de novo o caminho. Escutamos o ruído de uma porta.

— Nós a explodiremos com uma bomba — disse De Lussac.

— Vá ver o que se passa, Kammamuri — ordenou Tremal-Naik.

— Leve a tocha sempre ao alto — recomendou Sandokan. — E vocês, agachem-se como puderem.

Kammamuri já ia obedecer as ordens, quando vários disparos soaram às suas costas.

— Fomos pegos no fogo cruzado! — exclamou o Tigre da Malásia. — Sambigliong, pegue dez homens e cubra a retaguarda!

— Imediatamente, capitão! — respondeu o contramestre.

Os disparos continuavam incessantemente. Mas, enganados pela altura das tochas, os tugues só acertavam o teto.

Sambigliong e seus homens, ao contrário, orientando-se pelos fogos inimigos, deslizaram até eles, atacando-os furiosamente com seus *parangs*.

106

Enquanto aquele pelotão travava renhida batalha, Sandokan, Kammamuri e Tremal-Naik dirigiam-se à porta que impedia seu avanço, a fim de explodi-la. Mas, para grande surpresa, encontraram-na aberta.

— Eles a abriram novamente! — disse Tremal-Naik.

E já ia empurrá-la, quando Sandokan o deteve.

— Cuidado! É possível que seja uma armadilha — disse.

Os miados do tigre e o resfolegar medroso do cão confirmaram esta suspeita.

— Esperam-nos abrir a porta para disparar — disse Tremal-Naik.

— Creio que sim.

— Mas não podemos ficar aqui!

— Senhor De Lussac — disse Sandokan, — mande seus homens avançarem silenciosamente ao encontro de meus homens, e diga-lhes que estejam preparados para abrir fogo. Kammamuri, dê-me um explosivo.

E acendendo a mecha, soprou-a, para que ardesse mais depressa. Então abriu a porta suavemente e lançou a bomba, gritando:

— Todo mundo para trás!

A bomba explodiu, fazendo tremer o teto. Escutou-se então gritos de desespero. A porta, arrancada violentamente do lugar, caiu ao chão, num grande estrondo. Puderam ver então vários homens fugindo desesperados, enquanto que o chão estava coalhado de cadáveres.

Para impedir que os fugitivos se reorganizassem, Sandokan e seus companheiros dispararam para amedrontá-los. E só então correram atrás deles.

Sambigliong, que conseguira rechaçar os tugues que os atacavam, reuniu-se a eles, levando nos braços a bela Surama, que estava um pouco para trás.

Nas galerias e cavernas que iam cruzando já não encontravam nenhum tipo de resistência. Os tugues, incapazes de oporem-se a tão tremendo inimigo, a quem não parecia haver obstáculo capaz de deter, fugiam em todas as direções. Uns se escondiam nos passadiços laterais, outros iam refugiar-se no templo subterrâneo. Também havia os que tentavam sair para o exterior, pela galeria do *baniam*, que Suyodhana tornara a abrir.

— Adiante! Adiante! — gritavam os malaios e os dayakos, entusiasmados com a luta.

Mas de repente, quando menos esperavam, foram atacados por centenas de tugues.

— Tentam defender o templo subterrâneo — exclamou Kammamuri, irado.

Aquele era o último combate para os tugues.

Sandokan dispôs seus homens rapidamente, de forma estratégica, manobra que puderam levar a cabo por encontrarem-se em uma sala bem ampla, e que ia dar no templo. Esta sala comunicava-se com várias galerias.

Por estes passadiços desembocavam em desordenada profusão homens quase desnudos, agitando furiosamente os laços e as carabinas.

Gritavam, invocando continuamente sua deusa. Mas aqueles gritos não causavam a menor impressão no ânimo de seus inimigos, que sabiam ser superiores.

— Abram fogo! Disparem sem descanso! — gritava Sandokan.

Depois de uma descarga seguia-se outra, mas logo viram-se obrigados a lutar corpo a corpo.

Apesar de serem quatro ou cinco vezes inferiores em número, os tigres de Mompracem defendiam-se valentemente ante as terríveis acometidas daqueles fanáticos.

O senhor De Lussac maravilhava-se com a disciplina e a garra daqueles homens, que lutavam bravamente, sem desorganizar suas fileiras.

Pouco a pouco, o chão foi cobrindo-se de corpos. No entanto, os tugues, mesmo rechaçados constantemente, voltavam à carga com impressionante tenacidade, tentando acabar com aquele grupo que tivera a ousadia de descer até o fundo de suas cavernas.

Aquela situação não podia durar muito tempo. O extraordinário valor dos tigres de Mompracem terminou por desbaratar os seguidores de Suyodhana.

Sandokan aproveitou aqueles momentos de dúvida para dar o último golpe nos seus inimigos. Lançou então seus homens ao ataque, divididos em quatro grupos.

O ímpeto dos piratas foi tão grande, que as colunas dos estranguladores ficaram totalmente desarticuladas e desfeitas. A derrota foi absoluta.

Os seguidores da deusa Kali, não podendo aguentar mais, refugiaram-se no corredor que conduzia ao templo subterrâneo. Os piratas então lançaram-se atrás deles. Os tugues tentaram inutilmente fechar a enorme porta de bronze do templo, mas a força dos tigres de Mompracem os impediu de fazê-lo, e com um forte empurrão conseguiram entrar no grandioso subterrâneo, no centro do qual, e sobre um lustre aceso, encontrava-se uma estátua da terrível deusa. Frente a ela via-se um recipiente com peixes vermelhos, possivelmente *mangos* do rio Ganges.

Os piratas, guiados por Kammamuri e Tremal-Naik, cruzaram o templo, perseguindo os tugues, que fugiam lançando gritos de desespero, e entraram em outra caverna, menor que a do templo, e muito úmida.

Do teto pingavam grandes gotas, e pelas paredes deslizavam filetes de água, que caíam num lago profundo.

Depois de observar o local por alguns momentos, Kammamuri apontou uma escada para Sandokan, em cujo topo podia-se ver uma porta de ferro maciço, com vários tubos colocados em posições diversas.

— Vai dar no rio?

— Sim — respondeu o marahato.

— Dê-me um par de explosivos!

— O que o senhor pretende fazer? — perguntou o senhor De Lussac.

— Inundar os subterrâneos, e desta forma acabar com o poderio do Tigre da Índia. Cumprirei, desta forma, uma promessa.

Ditas estas palavras, pegou duas bombas e as colocou sob a porta. Desceu as escadas correndo e gritou:

— Vamos!

Uma vez na porta do templo, parou para contemplar os pequenos pontos luminosos que brilhavam sob a porta. Queria assegurar-se que a umidade não apagara as mechas.

Os segundos passavam devagar. De repente, um relâmpago rasgou as trevas, e seguiram-se formidáveis detonações, que foram repercutindo ao longo das galerias. Quase ao mesmo instante ouviu-se um ruído ensurdecedor.

Uma grande massa de água, como uma catarata, foi penetrando na cova.

— Vamos! — insistiu Sandokan. — A água já invade os corredores!

Todos correram o mais rápido que podiam, iluminados pela incerta luz das tochas, enquanto o sinistro som das águas do Mangal, invadindo os subterrâneos, continuava.

Atravessaram rapidamente o templo. Ao longe ressoaram, de repente, os gritos desesperados dos tugues, a quem a água surpreendia naqueles tenebrosos subterrâneos.

Sambigliong, cuja força muscular era prodigiosa, pegou Surama no colo, para que a água não a alcançasse.

Quando estavam atravessando a última galeria, sentiram um enorme estalo, como se o teto dos subterrâneos estivesse despencando, e uma onda colossal os alcançou, cobrindo-os de espuma.

— Está tudo inundado! — exclamou Sandokan, ao atravessar a última porta. — Ninguém mais habitará o refúgio dos tugues!

Quando se viram no exterior e a salvo, viram alguns homens saindo correndo em todas as direções.

110

Certamente alguns tugues conseguiram chegar à saída aberta por Suyodhana, conseguindo salvar-se, mas eram tão poucos que Sandokan nem se incomodou com eles.

— Os tigres e crocodilos darão cabo deles! — murmurou.

Então, dirigindo-se para Tremal-Naik, apertou seu ombro, dizendo:

— Agora, para Calcutá, e de lá para Délhi! Qual é o caminho mais curto?

— O de Port-Canning — respondeu o bengali.

— Então, vamos! Não me chamo Tigre da Malásia se não conseguir vencer Suyodhana!

XII

PERSEGUINDO SUYODHANA

O sol começava a iluminar os juncos dos Sunderbunds, quando a pinaça, conduzindo os sobreviventes do grupo, que ficara reduzido a vinte e cinco homens, chegava a Port Canning.

Esta pequena estação britânica, situada a umas vinte milhas da costa ocidental de Raimangal, está ligada à cidade de Calcutá por uma excelente estrada que atravessa grande parte do delta do rio Ganges.

Indubitavelmente, este era o caminho mais curto para dirigir-se à capital de Bengala, já que se fossem por mar, teriam que passar por todos os lagos ocidentais dos Sunderbunds para subir ao Hugly, sem contar que teriam que rodear a ilha de Baratela.

A primeira coisa que Sandokan e De Lussac fizeram foi verificar a situação da insurreição.

Os informes que receberam eram gravíssimos. Todos os regimentos hindus de Cawnpore, Lucknow e Merut haviam se livrado de seus oficiais e de todos os europeus que ali viviam. Também ficaram sabendo que Rani-Yhansie colocara-se à frente dos rebeldes.

Bundelkund encontrava-se em plena revolução, e a capital, Délhi, caíra em poder dos revoltosos, que se preparavam para defender-se ali.

O trono voltara a ser ocupado por um dos descendentes do Grão Mogol. As tropas inglesas estavam estupefatas, sem poder fazer nada diante de tão imprevista tempestade, que perigava estender-se por toda a Índia setentrional.

Sandokan informou-se de tão graves notícias através de um tenente, que por sua vez as recebera do comandante da reduzida guarnição de Port Canning.

— Seja qual for a situação, nós iremos a Délhi! — disse Sandokan.

— Todos? — perguntou Yáñez.

— Não, todos não. Poderíamos encontrar muitos obstáculos se levássemos uma tropa numerosa, mesmo conseguindo salvo-conduto do governador de Bengala. Não concorda comigo, De Lussac?

— O senhor tem razão, capitão — exclamou o francês.

— Faremos a viagem nós quatro, acompanhados por seis homens. O restante enviaremos ao parau, com Sambigliong, Kammamuri e Surama.

— Mas o senhor Yáñez representará um sério perigo para vocês — disse o tenente.

— Por que? — perguntou o português.

— Será difícil para o senhor entrar em Délhi, por ser branco. Tenha em conta que os revoltosos não perdoam nenhum europeu.

— E o senhor poderá nos acompanhar? — perguntou Sandokan.

— Creio que sim, pelo menos até as posições mais avançadas. O general Bernard, segundo as últimas notícias que tive, está reunindo suas tropas em Amballah, e os ingleses estabeleceram uma frente defensiva entre Gwalior, Bartpur e Pattiallah. Meu regimento está ali. Tenho certeza de que em Calcutá encontrarei ordem para incorporar-me ao meu regimento o mais rápido possível, e por outro lado, não creio que terá algum inconveniente se eu os acompanhar.

— Nesse caso, vamos partir! — declarou Sandokan.

Enquanto isso, Kammamuri havia alugado seis *mail-carts*, veículos muito rápidos, com somente dois assentos, um na parte dianteira para o condutor, outro na parte traseira para um par de pessoas. Eram puxados por três cavalos. Tais mei-

113

os de transporte serviam como correio nas regiões onde o trem ainda não chegara.

Sandokan deu as últimas ordens a Sambigliong, encarregando-o de levar o parau e a pinaça até a cidade Calcutá, onde devia esperá-los. Esmiuçados todos os detalhes, Sandokan ordenou iniciar a viagem.

As seis carruagens abandonaram Port Canning por volta das nove da manhã, e lançaram-se a toda velocidade pela estrada que cruza as enormes selvas do Ganges.

Sandokan prometera uma recompensa aos condutores e estes incitavam os cavalos, que iam rápido como o vento, levantando nuvens de poeira.

Por volta das duas da tarde os viajantes chegaram a Sonapore, que é uma estação situada quase na metade do caminho entre Port Canning e a capital de Bengala. Ali detiveram-se por cerca de meia-hora para descansar, e então retomaram a marcha depois de trocarem os cavalos.

— Dobrarei a recompensa se chegarmos a Calcutá antes que o correio feche! — anunciou o chefe dos piratas.

Aquilo foi suficiente para excitar os condutores, que utilizaram os chicotes com eficiência.

As seis carruagens arrancaram com uma velocidade vertiginosa, saltando de modo espantoso os numerosos buracos da estrada, endurecidos pelos abrasadores raios de sol.

Às cinco da tarde já se distinguiam as primeiras construções da opulenta capital, e por volta das seis da tarde, os *mail-cart* entraram nos subúrbios, fazendo correr os transeuntes em todas as direções, para que não fossem atropelados.

Chegaram ao edifício dos Correios dez minutos antes do fechamento.

Sandokan e o senhor De Lussac entraram. Quando voltaram, traziam consigo uma carta dirigida ao comandante do *Mariana*. A assinatura de Sirdar destacava-se num dos cantos. A carta foi então aberta e lida com ansiedade.

Sirdar informava que Suyodhana chegara a Calcutá pela manhã, e que embarcara num navio que iria atravessar o rio Hugly, para entrar o mais depressa no Ganges, chegar a Patna e depois pegar o trem para Délhi.

A carta acrescentava que com ele ia uma criança e quatro dos chefes mais importantes dos tugues, e que eles encontrariam mais notícias suas no correio de Monghyr.

Ao terminar, Sandokan disse ao senhor De Lussac:

— Eles levam uma vantagem de dez horas. Acha que poderemos alcançá-los antes de chegarem a Patna?

— Talvez tomando o trem que vai a Hongly-Ranigach-Madhepur. No entanto, quando chegarmos a Patna, nos veremos obrigados a tomar a linha de Monghyr para buscar a carta que Sirdar nos deixou.

— Quer dizer que teremos que voltar?

— Sim, e perderemos umas seis horas, pelo menos. Além disso, o senhor se esquece que eu tenho que arranjar uma entrevista com o governador de Bengala, para que nos dê o salvo-conduto, e agora já está muito tarde.

— Ou seja, seremos obrigados a perder vinte e quatro horas.

— Será preciso, capitão.

— E quando chegaremos a Patna?

— Se tudo correr bem, amanhã de tarde.

— Esse maldito Suyodhana chegará antes de nós! — exclamou Sandokan.

— Tudo depende da resistência dos homens que levar consigo — respondeu o tenente.

— E com uma chalupa rápida? — perguntou Sandokan a seu companheiro.

— Os senhores perderiam mais tempo e teriam menos possibilidade de recuperar estas vinte e quatro horas.

— Quando será a entrevista com o governador?

— Às nove em ponto estarei lá, e antes do meio-dia já terei retornado.

115

Sandokan, ao ver que não restava outra solução senão esperar, aceitou a hospitalidade que lhe brindava seu amigo. Ele e seus companheiros foram conduzidos então ao palacete onde o francês vivia.

Passaram a noite discutindo um plano para alcançar o fugitivo antes que ele tivesse tempo de reunir-se com os rebeldes.

Às onze horas da manhã do dia seguinte, o tenente, que saíra bem cedo, regressava ao palacete com uma expressão alegre no rosto.

O senhor De Lussac tivera uma longa conversa com o governador e lhe contara a afortunada expedição de Sandokan contra os tugues. O governador lhes concedera um salvo-conduto mediante o qual tinham passagem livre através das colunas inglesas em operação no Oudhe e no território de Délhi, que eram as zonas onde a revolução estourara.

— Isto nos será de grande ajuda! — exclamou Sandokan.

— Além disso, recebi uma carta — continuou o francês, — recomendando-me ao general Bernard, e uma permissão para que eu possa acompanhá-los até o grande cordão militar que se estabelece entre as cidades de Gwallor, Batpur e Pattiallah.

Trataram então de preparar a partida. Tomaram a linha de Hongly-Ranigach-Bar-Patna, em um cômodo vagão da North-India-Railway.

Naquela época, os trens hindus proporcionavam aos viajantes todas as comodidades possíveis, e suas linhas não ficavam nada a dever às melhores linhas dos Estados Unidos.

Em cada vagão não havia mais do que dois compartimentos, bem amplos, e em cada um deles os assentos possuíam encostos que transformavam-se em camas.

À direita e à esquerda de ambos os compartimentos encontravam-se pequenos quartos destinados ao serviço pessoal.

Em cada uma das estações em que passavam, um funcionário da ferrovia subia para perguntar aos passageiros que tipo de comida desejavam, e ele mesmo se encarregava de informar por meio de telégrafo à próxima estação.

116

Assim, pois, os audazes adversários do Tigre da Índia viajavam comodamente sentados, fumando e conversando para passar o tempo. Ali o calor não os incomodava, já que os vagões dos trens indianos possuíam cortinas de vetiver, umedecidas constantemente com água por meio de tubos especiais, o que mantinha uma temperatura agradável.

Às três da tarde já tinham passado por Hongly e à meia-noite por Ranigach. O trem corria por Bengala, acercando-se do majestoso Ganges.

No dia seguinte, às duas da tarde, Sandokan e seus companheiros entraram em Patna, uma das cidades mais importantes de Bengala do Norte, cujos muros são banhados pelo rio sagrado.

A primeira coisa que Sandokan fez foi dirigir-se aos Correios, para ver se encontrava ali alguma carta de Sirdar. Mas não encontrou nada.

— Vamos a Monghyr. Suyodhana já deve ter partido.

Um trem estava a ponto de sair daquela cidade. Aproveitaram, pois, tal circunstância, e, em poucos minutos, já estavam viajando, costeando o Ganges durante um bom tempo. Três horas mais tarde encontravam-se diante do edifício dos Correios em Monghyr.

Sirdar cumprira sua promessa. A carta datava da noite anterior, e nela ele informava que Suyodhana havia abandonado o barco e tomara o trem que ia a Patna pela linha Chupra-Corahlpur-Délhi.

— Outra vez esse desgraçado nos escapou! — exclamou Sandokan, fora de si. — Não temos outro remédio senão ir para Délhi!

Então Tremal-Naik, dirigindo-se ao tenente, perguntou:

— Será possível entrar nesta cidade?

— Ela ainda não está sitiada — respondeu o tenente. — Eu creio que entrariam sem grandes problemas, unindo-se aos revoltosos que fogem de Cawnpore e Lucknow. Mas o melhor seria que se vestissem como os indianos e que se armem. Nunca se sabe o que pode acontecer.

117

— Regressaremos imediatamente a Patna, e de lá partiremos para Délhi — disse Sandokan. — Será ali que o Tigre da Malásia destruirá o Tigre da Índia!

— Na carta ele informa que irá todas as noites, das nove às dez, ao baluarte de Cascemir.

— Nós saberemos como encontrá-lo?

— É o maior e mais sólido da povoação — explicou De Lussac. — Qualquer um saberá indicar-lhes onde é.

— Então, vamos partir! — ordenou Sandokan.

Naquela mesma noite empreenderam o regresso a Patna.

Como até o dia seguinte não havia trens, viram-se obrigados a procurar uma hospedagem, onde disfarçaram-se de maometanos ricos, armando-se com bons fuzis e longos punhais.

Na estação informaram-se que teriam que mudar o trajeto, já que os trens não podiam passar por Corahlpur, por causa das incursões dos rebeldes.

A linha que estava livre era a de Benarés-Cawnpore. Os revoltosos haviam abandonado este último povoado para se concentrar em Délhi.

Sem hesitar escolheram esta última solução, apesar de ser mais comprida que a anterior.

Na noite do dia seguinte chegaram à estação de Cawnpore. No edifício podiam já perceber os sinais deixados pelos rebeldes. A cidade estava cheia de tropas que haviam chegado das principais povoações de Bengala e de Bundelkund, e que se dispunham a marchar para Délhi, onde a insurreição alcançava proporções insuspeitadas.

Os piratas, graças ao salvo-conduto, e sobretudo à carta do governador de Bengala, conseguiram permissão dos chefes militares para pegar um trem que ia até Koil, que era a linha de observação da vanguarda inglesa, formada por duas companhias de artilharia.

— Finalmente terminamos nossa viagem de trem — exclamou De Lussac. — A partir deste momento a linha está cortada, mas daqui podem cavalgar até Délhi.

118

— Nos separamos aqui, senhor De Lussac? — perguntou o Tigre da Malásia.

— Aqui está uma de minhas companhias, mas eu os acompanharei até perto da cidade, a fim de facilitar-lhes a passagem.

— Então Délhi já está sitiada?

— Apesar dos rebeldes ainda saírem e manterem pequenos combates, pode-se considerar que sim. Agora vou conseguir-lhes montarias suficientes, e mostrar a carta e o salvo-conduto ao comandante das tropas.

Não se passara duas horas quando Sandokan, Yáñez, Tremal-Naik e o senhor De Lussac, acompanhados por uma pequena escolta, saíram da estação de Koil, dirigindo-se rapidamente a Délhi.

XIII

A Revolta Hindu

No ano de 1857, a sublevação dos indianos foi tão breve quanto sangrenta. Os colonizadores foram surpreendidos por aquela formidável explosão, não prevista por ninguém. A primeira centelha brilhara, alguns meses antes, com o golpe do flibusteiro de Barrampore, mas as autoridades inglesas o reprimiram rapidamente.

Mas o descontentamento ia minando pouco a pouco a confiança das tropas estabelecidas em Merut, Cawnpore e Lucknow. Uma das causas daquele mal-estar era a nomeação arbitrária que se fazia de oficiais e sub-oficiais, que recaíam sempre sobre pessoas de castas inferiores. Por outro lado, os emissários de Nana Sahib, o bastardo de Bitor, espalharam o boato que os soldados ingleses davam aos indianos cartuchos untados com gordura de vaca, e aos maometanos com gordura de porco. Isto significa, para ambos, um horrível delito.

Sem que os ingleses soubessem, em 11 de maio, o terceiro regimento da cavalaria indiana, aquartelado em Merut, foi o primeiro a sublevar-se, eliminando todos os oficiais ingleses.

Diante daquele ato, as autoridades militares encarceraram os rebeldes, mas na noite do dia 12, dois regimentos de sipaios pegaram as armas e obrigaram seus chefes a libertar os prisioneiros e a outros revolucionários que estavam presos.

Aquela mostra de fraqueza foi decisiva, porque naquela mesma noite os hindus e os soldados da cavalaria atacaram ferozmente os quartéis dos europeus.

Ao mesmo tempo, as guarnições de Lucknow e de Cawpore atacavam os homens brancos que viviam em ambas as cidades, enquanto que a Rani de Jhansie, princesa tão linda quanto valente, levantava a bandeira da revolução.

As autoridades militares, impotentes para fazer frente ao furacão que os assolava, e surpresas por tão terrível explosão, não souberam que atitude tomar naquele instante. Limitaram-se a tão-somente formar uma linha de tropas entre Gwalior, Bartpur e Pattiallah, com a esperança de fazer retroceder os revoltosos, que estavam sob as ordens de Tantia-Topi, um dos mais audazes e temíveis generais indianos, que mais tarde assombraria os britânicos com sua retirada através do Bundelkund.

Os ingleses não conseguiram seu objetivo com aquela linha defensiva, já que os rebeldes marcharam sobre Délhi, levando consigo o 34° regimento de sipaios, que, assim como os outros, desfizera-se de seus chefes.

Os poucos europeus que conseguiram fugir buscaram refúgio na cidade do Ganges. O tenente Willenghby os recebeu na torre Stentoredo, e ali organizaram uma forte resistência.

Foi então que o regimento de Allighur proclamou, em Délhi, um rei eleito entre os descendentes da velha dinastia do Grão Mogol.

Assim que este monarca subiu ao trono, ocorreram vários combates entre os revoltosos e as tropas do governo, com a sorte pendendo ora para um lado, ora para outro.

Os altos comandantes ingleses, pouco satisfeitos com a demora em agir do general Arinson, confiaram o comando ao general Bernard, que pouco a pouco foi realizando uma manobra para envolver Délhi, onde os insurgentes se fortificaram rapidamente, ao notar que estavam cercados.

A cidade estava sitiada praticamente desde 1° de junho. No entanto, os ingleses não conseguiram obter nenhuma vantagem, por faltar meios de ataque, e também porque, além de serem repelidos continuamente pelos ferozes rebeldes, sofriam horrivelmente com o espantoso calor e a insalubridade do clima.

Apesar de tudo, ia-se aproximando a hora final dos insurgentes. A cidade de Délhi estava condenada a cair logo nas mãos dos ingleses.

Sandokan e seus companheiros aproximavam-se de Délhi a toda velocidade, mas ainda faltavam algumas horas para ali chegarem.

O senhor De Lussac, que já vestia o uniforme dos oficiais bengaleses, levava um salvo-conduto do comandante geral de Koil, o que facilitava a passagem de seus companheiros. Era suficiente sua presença para evitar-se interrogatórios, o que os faria perder um tempo precioso. A região estava infestada de soldados de todas as divisões.

Depois de uma longa espera, o material havia chegado, e destinava-se a romper as robustas fortificações da parte norte, que até então haviam resistido aos ataques da infantaria e às minas. Os traços da insurreição estavam espalhados por todos os lados.

Ao cabo de quatro horas, Sandokan e seus companheiros chegaram diante das torres e bastiões da capital do Grão Mogol.

Um grande número de soldados britânicos percorria os campos. Pela manhã haviam sustentado um duro ataque, e o resultado fora-lhes desfavorável.

A linha de sítio estava rompida em vários pontos, e os rebeldes aproveitavam para saquear os campos e apoderar-se do gado que havia naqueles arredores. Por este motivo não era difícil para homens que aparentassem ser indianos, e que podiam passar-se por rebeldes recém-chegados do Merut ou de outra parte, introduzir-se na capital do Ganges.

Sandokan, ao ver que o senhor De Lussac desmontava após ter cruzado as últimas tropas, disse-lhe:

— Senhor De Lussac, quando poderemos encontrá-lo?

— Dependerá da resistência oposta pelos sitiados — respondeu o francês. — Eu entrarei à frente da minha companhia.

— Estas operações irão durar muito?

122

— Amanhã começarão as baterias, e o senhor verá como estas fortificações não irão aguentar muito.

— E como poderemos contatá-lo depois?

— Estive pensando nisso — disse o senhor De Lussac. — Precisarei saber onde irão se alojar. Escutem meu plano. Toda noite deve lançar, do bastião Cascemir para o outro lado do fosso, algum objeto grande o bastante para que possa conter uma carta.

— Certo — disse Sandokan.

— A carta e o salvo-conduto do governador não são suficientes para nos proteger? — perguntou Yáñez.

— Certamente, mas não se pode prever o que irá acontecer no calor da batalha. Já está anoitecendo, e esta é uma hora favorável para os senhores. Até a vista, amigos! Espero que encontrem a menina, e que desfiram um golpe mortal nos seguidores de Kali.

Despediram-se então, e enquanto o francês retornava ao acampamento, Sandokan e seus homens dirigiam-se para a cidade.

Numerosos soldados da cavalaria percorriam aqueles lugares, saqueando as aldeias que pela manhã os ingleses haviam abandonado.

Ao ver avançar aquele grupo armado, um pelotão, comandado por um *subadhar* adiantou-se, ordenando-lhes que se detivessem. Tremal-Naik, que vinha à frente, obedeceu imediatamente.

— Para onde vão? — perguntou o *sudabhar*.

— Para Délhi — respondeu o bengali, — para defender a bandeira da liberdade da Índia.

— E de onde estão vindo?

— De Merut.

— Como conseguiram cruzar as linhas inglesas?

— Nós nos aproveitamos da derrota que lhes impuseram esta manhã, para rodear seu acampamento.

— É verdade que receberam artilharia?

— Sim, e irão utilizá-la hoje à noite mesmo.

124

— Cães malditos! — gritou o *subadhar*, rilhando os dentes. – Pretendem tomar a cidade! Mas veremos se irão conseguir! Estamos decididos a morrer antes de nos rendermos! Conhecem bem sua civilização, e toda ela se resume em uma só palavra: "aniquilar".

— Isso é verdade — replicou Sandokan. — Mas agora, deixe-nos entrar na cidade.

— Ninguém pode passar pela porta de Turcomán sem antes passar pelo interrogatório do comandante-em-chefe. Eu não duvido de vocês, mas devo acatar as instruções recebidas.

— Quem é o comandante supremo? — perguntou Tremal-Naik.

— Abu-Assam, um muçulmano que uniu-se a nós e que deu grandes provas de valor e fidelidade.

— E onde ele está?

— Na aldeia mais avançada.

— Mas ele deve estar dormindo a esta hora — disse Sandokan, — e eu não gostaria de passar a noite fora de Délhi.

— Vou arranjar-lhes alojamento agora mesmo. Venham comigo!

O *subadhar* fez um sinal a seus homens para que rodeassem os piratas, com os fuzis preparados, e iniciou a caminhada.

— Eu não previ isto! — murmurou Tremal-Naik, voltando-se para Sandokan. — Sairemos bem desta?

— Sinto um irresistível desejo de lançar-me contra estes bandidos e dar-lhes uma lição. Apesar de serem quatro vezes mais numerosos do que nós, creio que não resistiriam a um ataque nosso.

— E depois? Como acha que iríamos entrar em Délhi? Não está vendo ali outro grupo de saqueadores percorrendo os campos? Ao escutarem os primeiros disparos, cairiam sobre nós.

— É só o que me detém — respondeu o chefe pirata.

— Mas, afinal de contas, porque temer um interrogatório?

— Não sei porque, amigo Tremal-Naik, mas hoje sinto

mais temores e receios que nunca. Talvez nessa aldeia haja tugues que possam nos reconhecer.

— Seria bem desagradável! Mas é melhor não nos preocuparmos com isto antes da hora.

Chegaram a uma mísera aldeia, formada por duas dezenas de choças semi-destruídas, por volta das dez horas.

Fogueiras ardiam por todas as partes, fazendo brilhar o monte de fuzis colocados no pavilhão. Muitos homens de aspecto inquietante perambulavam por entre os cavalos.

— Aqui é que o chefe vive? — perguntou Sandokan ao *subadhar.*

— Sim — respondeu ele.

Ordenou fazer alto e dirigiu-se a uma cabana abarrotada de rebeldes, que estavam deitados sobre montes de folhas secas.

— Fora daqui, todos! — disse, em tom enérgico, que não admitia réplica.

Quando os soldados saíram, pediu a Sandokan e a seus amigos que entrassem na cabana, desculpando-se por não ter outra coisa melhor para lhes oferecer, e assegurando-lhes que lhes mandaria algo para comer.

Depois, deixou sua escolta vigiando a cabana, e afastouse a pé, arrastando ruidosamente sua enorme cimitarra.

— Não podemos nos queixar do lindo palácio que nos ofereceram! — disse Yáñez, com seu costumeiro bom-humor.

— Está brincando, irmão? — disse Sandokan.

— Bem, não creio que o alojamento seja nosso principal problema. Temos folhas, que nos servirão de leito depois do jantar, se é que haverá jantar, porque acho que só entraremos em Délhi amanhã.

Naquele momento entrou um soldado com o uniforme dos sipaios. Trazia uma tocha e um cesto.

Mal entrou na cabana e soltou uma exclamação de surpresa e contentamento.

— O senhor Tremal-Naik!

— Bedar! — exclamou o bengali, aproximando-se do recém-chegado. — O que está fazendo aqui? Como um sipaio, que combateu sob as ordens do capitão Macpherson, encontra-se entre os rebeldes?

O insurgente fez um gesto com a mão, e respondeu:

— O capitão está morto, senhor, e além disso, rompi completamente com os ingleses. Meus amigos desertaram e eu os segui. E o senhor, por que está aqui? Juntou-se a nós?

— Em parte.

— Esta resposta é pouco convincente, senhor — disse rindo o sipaio. — Mas seja por qual razão que for, alegro-me muito em voltar a vê-lo, e me alegrarei mais ainda se puder ser-lhe útil.

— Logo eu lhe explicarei o motivo de minha presença aqui.

— Isto deve ter algo a ver com os tugues, não é?

— Silêncio! O que nos trouxe, Bedar?

— O jantar, senhor. De fato é bem escasso, pois os víveres não abundam na campanha. Um pouco de antílope assado, algumas frutas e uma garrafa de vinho. Isso é tudo.

— É o suficiente para nós — respondeu Tremal-Naik. — Deixe o cesto no chão, e se quiser, acompanhe-nos.

— Senhor, é uma honra que aceito encantado — disse o sipaio.

Abriu então a cesta e tirou a comida, que de fato não era muita.

Sandokan e Yáñez, que não haviam pronunciado uma só palavra, e que estavam muito satisfeitos com aquele inesperado encontro, comeram com apetite, assim como Tremal-Naik e os homens da escolta.

— Este é um dos valentes sipaios do defunto capitão Macpherson, que intervieram nas primeiras expedições contra os tugues de Suyodhana.

— Então, foi testemunha da morte do valente capitão? — perguntou Sandokan.

— Sim, senhor. Morreu em meus braços!

— Conhece Suyodhana? — inquiriu o chefe pirata.

— Sim, senhor. Eu já o vi como agora vejo o senhor, já que quando disparou contra o meu capitão, não estava a mais de dez passos de distância de mim.

127

— E como conseguiu escapar da matança? Porque, segundo soube, os tugues de Suyodhana acabaram com todos os homens que acompanhavam o pobre capitão.

— Por um afortunado acaso, sahib — respondeu o sipaio.

— Acertaram-me um golpe na cabeça quando tentava socorrer o capitão, que fora atingido por dois tiros no peito.

"A dor que senti foi tão horrível que fiquei inconsciente. Quando recobrei os sentidos reinava um grande silêncio em toda a planície dos Sunderbunds. Ao meu redor só estavam os cadáveres de meus amigos. Os estranguladores não perdoaram a vida de nenhum dos sipaios que estavam com o capitão.

"Meu ferimento não era grave, e por isso, mesmo muito fraco, pude fugir até o rio, onde esperava encontrar a canhoneira que nos transportara até os Sunderbunds.

"Mas só encontrei seus destroços e alguns cadáveres sobre as águas. Ao que parece, Suyodhana, depois de matar todos os sipaios, assaltou o barco e o explodiu."

— Também ficamos sabendo disso — disse o chefe pirata.

O bengali, com expressão de grande tristeza, confirmou o que seu amigo dissera.

— Prossiga — pediu Yáñez ao sipaio. — Não havia nenhum dos seus em Mangal?

— Não, senhor. Os tripulantes da canhoneira acudiram em nossa ajuda ao escutarem os primeiros disparos.

— E eram numerosos aqueles bandidos? — perguntou Sandokan.

— Quinze ou vinte vezes superiores em número — respondeu o sipaio. — Durante duas semanas andei pela selva, alimentando-me de frutas silvestres, correndo constante perigo de ser despedaçado pelas feras, até que, finalmente, fui resgatado por pescadores bengaleses.

— Você viu Suyodhana novamente? — perguntou Tremal-Naik.

— Não, senhor.

— Nós, no entanto, temos informações confiáveis de que ele se encontra em Délhi.

O sipaio deu um salto e empalideceu.

— É possível que ele esteja aqui? — exclamou. — Eu sei que os tugues abraçaram nossa causa, e que vieram em grupos numerosos de Bengala, de Bundelkund e também de Orissa, mas não sabia que seu chefe estava aqui.

— Nós estamos em seu encalço — informou Tremal-Naik.

— Deseja acertar contas com ele? Nesse caso, senhor Tremal-Naik, os senhores podem contar com minha ajuda incondicional — disse Bedar.

E após um instante de silêncio, acrescentou:

— Desejo vingar meu capitão. Ele foi para mim um verdadeiro amigo, apesar de eu ser hindu e ele inglês.

— Sim! — exclamou o bengali. — Eu vim até aqui para matá-lo e salvar minha filha, que está em seu poder!

— Ele raptou a pequena?

— Sim, já te contarei tudo. Agora, me interessa saber se poderemos entrar em Délhi, quer dizer, se Abu-Assam nos dará permissão para lá entrar.

— Sem dúvida alguma, senhor, porque não há razão para imaginar que os senhores são amigos dos ingleses. Já conversaram com o general?

— Ainda não, só sabemos que o *subadhar* que nos trouxe até aqui informou-o de nossa presença.

— E isso já faz quanto tempo?

— Cerca de uma hora, aproximadamente.

— E ainda não vieram chamá-los?

— Não.

— Que estranho! — comentou o sipaio. — Permita-me procurar o *subadhar*, que certamente deve ser o mesmo que me encarregou de trazer o jantar.

Naquele instante o *subadhar* em pessoa apareceu, escoltado por dois hindus com os rostos cobertos.

— Já ia procurá-lo — disse o sipaio. — Esses homens começam a impacientar-se, pois me disseram que precisam entrar com urgência em Délhi.

129

— Pois terão que esperar. O general encontra-se muito ocupado. Você ficará encarregado de levá-los até ele.

— De acordo, *subadhar* — replicou o sipaio.

Depois destas palavras, o oficial partiu.

— Quem eram esses dois que o escoltavam? — perguntou Sandokan. — Seus ajudantes?

— Não sei — respondeu Bedar, algo inquieto. — Por seu aspecto me pareceram siques.

— Mas porque traziam o rosto coberto?

— Também não sei, senhor.

— Há muitos siques neste acampamento? — perguntou o bengali.

— Não muitos. A maioria deles uniu-se aos ingleses, esquecendo-se que são hindus como nós.

— Acredita que podem enfrentar os ingleses?

— Duvido! — respondeu o sipaio. — Se a revolta tivesse sido geral, neste momento não haveria nem mais um inglês no Industão. Mas eles tiveram medo, e nos deixaram sós.

Bedar fez uma pausa e prosseguiu:

— Estou certo de que estes malditos europeus não terão a menor compaixão conosco! Mas, nós lhes ensinaremos como os hindus sabem morrer!

Depois destas palavras, o sipaio levantou-se, dizendo:

— Vamos senhores, sigam-me! Nosso chefe Abu-Assam não gosta de esperar!

Abandonaram a cabana, seguidos por um destacamento de cavalaria que permanecera até aquele momento atrás de uma casinha, e encaminharam-se para a praça central, na qual Abu-Assam tinha seu quartel-general.

Tanto os barracões quanto as ruas encontravam-se cheias de rebeldes em estado de alerta. Conversavam com as armas ao alcance das mãos, dispostos a atirar ao primeiro sinal de alarme.

Havia sipaios ainda vestindo seu pitoresco uniforme, soldados dos regimentos de Merut, Cawnpore, Allighur e Lucknow; brundelkanes de Tantia-Topi e da *rani*; siques bar-

130

budos, com grandes turbantes, pesadas cimitarras e fuzis de cano longo; orissanos e maharatos de constituição admirável, como estátuas de bronze.

Parecia que aguardavam algum ataque inimigo, porque todos tinham os cavalos arreados e preparados.

O grupo de Sandokan alcançou em seguida uma ampla praça. Ali detiveram-se em frente a um edifício de alvenaria, cujas paredes estavam esburacadas de balas de canhão e granadas. Aquele deveria ter sido um suntuoso bangalô, propriedade de algum rico inglês de Délhi.

— Aqui vive o general! — anunciou Bedar.

Depois de dar a senha aos sentinelas, fez com que os falsos rebeldes entrassem no primeiro aposento, no qual estava o *subadhar* conversando animadamente com vários homens, sem dúvida montanheses de Bundelkund, muito bem armados.

— Deixem aqui suas pistolas e sabres — ordenou.

Todos obedeceram imediatamente.

— Agora me acompanhem. O general os espera.

Então os introduziu em um aposento muito amplo, no qual se viam alguns móveis quebrados e manchas de sangue. Quatro siques vigiavam a porta, com as cimitarras desembainhadas.

Diante de uma mesa encontrava-se um homem velho, com a barba quase branca, o nariz curvo como o bico de uma ave, e os olhos tão negros e brilhantes como carvão.

Vestia o traje habitual dos muçulmanos da Índia setentrional, e nas mangas de seda verde, trazia galões de ouro.

O ancião levantou a cabeça ante a presença de Sandokan e seus amigos. Cerrou as pálpebras como se a luz o incomodasse, e contemplou-os em silêncio durante alguns momentos. Em seguida, perguntou com voz anasalada:

— São os senhores que querem permissão para entrar em Délhi?

— Sim — respondeu Tremal-Naik.

— Para lutar e morrer pela libertação da Índia?

— Para combater contra nossos opressores.

— De onde vêm?

— De Bengala.

— E como puderam atravessar as linhas inimigas sem serem detidos? — insistiu o velho general.

— Aproveitando a intensa escuridão da noite.

O general guardou silêncio alguns instantes, examinando atentamente a cor da pele de Sandokan e dos malaios.

— Você é bengali? — voltou a perguntar.

— Sim — respondeu Tremal-Naik.

— Mas seus companheiros não me parecem hindus.

— De fato, general. Este homem — e apontou Sandokan, — é um príncipe malaio, inimigo mortal dos ingleses, contra quem já lutou e venceu várias vezes nas costas de Bornéu. Os demais são seus soldados.

— Bem! — exclamou o general. — E por que vieram até aqui?

— Ele chegou em Calcutá para me encontrar, pois somos amigos há anos. Soube então que se preparava um levante e veio disposto a oferecer sua força e seu sangue.

— É verdade o que ele diz? — perguntou Abu-Assam ao chefe pirata.

— Sim, meu amigo não mente — respondeu Sandokan. – Durante longos anos fui o mais encarniçado inimigo que os ingleses tiveram nas costas de Bornéu. Eu os derrotei em Labuán várias vezes, e destronei James Broocke, o poderoso rajá de Sarawak.

— Mas, e este outro, de feições europeias, de onde vem? — disse o velho, apontando para Yáñez.

— Trata-se de um amigo do príncipe.

— E odeia também aos britânicos?

— Sim.

— Somente aos ingleses? — perguntou o general, erguendo-se e mudando o tom de voz.

— O que o senhor quer dizer com isto, general? — inquiriu Tremal-Naik, um tanto ou quanto inquieto.

132

Ao invés de responder a pergunta, o velho exclamou:

— Muito bem! Dentro de duas horas partirão para Délhi com o *subadhar*, pois desta forma não correrão o risco de serem tomados como inimigos e fuzilados. Acompanhem a escolta que os conduziu até aqui, mas deixem as armas, que serão devolvidas quando estiverem dentro da cidade.

— Aonde nos levará a escolta?

— Ao posto de alistamento — respondeu o general, indicando-lhes com um gesto que se retirassem do aposento.

Tremal-Naik e seus companheiros obedeceram, e assim que saíram, encontraram a escolta e o *subadhar*.

— Acompanhem-me, senhores — convidou este, cercando-os com seus homens. — Tudo caminha perfeitamente.

Dissimuladamente, Bedar aproximou-se de Tremal-Naik.

— Cuidado, senhor! — murmurou ao seu ouvido. — As coisas estão complicadas para os senhores! Logo tornaremos a nos ver!

Os homens da escolta puseram-se a caminho. E não tinham avançado ainda vinte passos, quando o mesmo par de revoltosos que acompanharam o *subadhar* até a cabana, com os rostos quase cobertos pelos turbantes que traziam, entraram na sala do general.

— São eles? — perguntou o velho ao vê-los entrar.

— Sim, nós os reconhecemos — respondeu um dos homens. — São os mesmos que profanaram o templo de Kali, que inundaram as galerias e que mataram nossos companheiros. São aliados dos ingleses.

— Tem certeza? Esta é uma acusação grave! — disse o velho general.

— Sim. Vieram até aqui, porque seu único objetivo é matar nosso chefe.

— Então, o que desejam de mim?

133

XIV

PREPARATIVOS PARA A FUGA

Em lugar de dirigir-se ao galpão onde Sandokan e seus companheiros tinham deixado os cavalos, o grupo tomou outro caminho entre os bangalôs.

Tremal-Naik, prevenido pelo conselho do sipaio, andava muito preocupado, temendo uma surpresa a qualquer momento. Por isso tentou interrogar o *subadhar*, mas o oficial, que de repente tornara-se sério, limitou-se a fazer um sinal para que continuasse andando.

— Creio que as coisas não vão bem, Tremal-Naik — disse Yáñez. — O que aconteceu?

— Nem eu sei — respondeu o bengali, — mas creio que não estão com vontade de nos deixar entrar em Délhi.

— Será que acham que somos amigos dos ingleses? — perguntou o Tigre da Malásia.

— Esta suspeita nos traria graves consequências — respondeu Tremal-Naik. — Os dois bandos fuzilam os espiões. Os ingleses não têm misericórdia.

— Mas eles não podem nos acusar de nada — disse Yáñez.

Sandokan disse então:

— Tenho uma suspeita!

— O que foi? — perguntaram Yáñez e Tremal-Naik.

— É possível que alguém nos tenha visto falando com o senhor De Lussac.

— Pobre de nós se isso for verdade! — disse o hindu. — Seria muito difícil conseguirmos escapar!

— E além disso, desgraçadamente, não temos armas — disse Sandokan.

— E mesmo que as tivéssemos, não serviriam para nada. Neste lugar há pelo menos mil rebeldes, e a maioria são soldados.

— De fato, Tremal-Naik! — disse Yáñez. — Mas para que preocupar-se? É possível que tudo corra bem!

— Que lugar é este? — perguntou Sandokan.

A escolta detivera-se diante de uma construção que devia ter sido uma torre pentagonal. A parte superior estava completamente destruída, e os entulhos estavam amontoados a pouca distância.

— Será este o posto de alistamento? — perguntou Yáñez.

O *subadhar* manteve uma breve conversa com os dois sentinelas que estavam na porta, e em seguida disse a Tremal-Naik e seus companheiros:

— Entrem! O oficial encarregado do alistamento lhes dará o salvo-conduto para entrar na cidade.

— Iremos demorar muito para partir? — perguntou Sandokan.

— Não, dentro de poucas horas partiremos — disse o oficial. — Acompanhem-me, senhores!

Depois de acender uma tocha, mandou abrir a sólida porta e começou a subir uma escada estreita, cujos degraus estavam cobertos por uma capa de limo escorregadio, formado por causa da umidade.

— O escritório de alistamento fica aqui? — perguntou Tremal-Naik.

— Sim, no andar de cima — respondeu o *subadhar*.

— Isto mais parece uma prisão que um escritório.

— Não dispomos de instalações adequadas. Adiante, senhores! Vamos, tenho pressa!

No segundo andar, empurrou uma porta e afastou-se, dando passagem a Tremal-Naik, Sandokan, Yáñez e os malaios. Mas assim que entraram, fechou a porta com grande estrondo, deixando-os na mais completa escuridão.

— Miserável! Fomos enganados!

Ficaram alguns instantes no mais absoluto silêncio. E até Yáñez, que não se surpreendia com nada, estava consternado.

— Creio que nos aprisionaram! — comentou, finalmente, com sua serenidade habitual. — Na verdade não esperava tão desagradável surpresa, já que não tínhamos intenção alguma de prejudicar os revoltosos! O que acha disso, Tremal-Naik?

— Que esse general bandido nos enganou habilmente! — respondeu o bengali.

— Escute, Tremal-Naik — disse de repente Sandokan. — Não acha que tem o dedo de Suyodhana nesta situação?

— Não creio. É impossível que tenham nos reconhecido.

— Apesar disso, ainda tenho esta suspeita — insistiu o chefe pirata.

— Será que algum tugue nos viu? — interveio Yáñez.

— É possível que sim!

— Primeiro vamos ver onde estamos, e se conseguimos sair desta prisão — disse Yáñez. — Somos sete, e será fácil tentarmos algo.

— Você tem fósforos?

— Sim, e também uma mecha de alcatrão, que poderá nos iluminar por alguns minutos — replicou o português. — Os malaios, também trazem algumas.

— Acenda-as! — ordenou Sandokan.

Yáñez acendeu o fósforo e ateou fogo à mecha. Sandokan levantou-a e examinou o local onde estavam. Era uma sala ampla, sem móveis, com quatro janelas amplas, protegidas por grossas barras de ferro.

— É uma verdadeira prisão! — exclamou, desanimado.

— Não escolheram o lugar à toa! — replicou Yáñez. — Estas paredes são bem espessas, e não dá para fugir por entre grades tão estreitas. Gostaria de saber como tudo isto vai terminar! O que esta gente estará tramando?

— Vamos aguardar que apareça alguém — disse Sandokan.

— Verá que ficaremos pouco tempo sem comida ou notícias.

— E o sipaio do capitão Macpherson? Nós nos esquecemos dele! — disse de repente Tremal-Naik. — Estou certo de que esse valente fará o possível para nos ajudar.

— Poderá fazer pouca coisa — disse Sandokan. — Ele não tem nenhuma autoridade.

— Mas deve ter amigos — objetou o bengali. — Eu confio nele.

— O melhor que fazemos é nos acomodar o melhor possível para passar a noite — disse Yáñez, jogando a mecha fora, totalmente consumida. — Até amanhã ninguém aparecerá aqui.

Como a palha era pouca, os sete homens deitaram-se no chão para tentar dormir. Estavam tão cansados que não demoraram para cair no sono. Despertaram com o sol que entrava através das grades das janelas.

— Alguma novidade? — perguntou Yáñez.

— Nenhuma — respondeu Sandokan. — Estão nos tratando como párias. Vou ver se vejo algo pela janela.

Aproximou-se de uma delas e olhou para o exterior. Dali via-se uma muralha da torre semi-destruída, entre cujas pedras amontoadas crescia um colossal tamarindo.

Já ia retirar-se quando, de repente, surpreendeu-se ao ver um galho da árvore movendo-se com violência.

— Tem um homem ali! — exclamou. — Olhe, Tremal-Naik!

O bengali acudiu imediatamente ao chamado de Sandokan.

— Estava certo ao dizer que o sipaio não nos abandonaria — disse-lhe. — Não é ele escondido entre os galhos do tamarindo? Está fazendo uns sinais que não entendo. Sem dúvida está querendo nos dizer algo!

— Por Brama e Siva! — exclamou Tremal-Naik. — É ele! Teme aproximar-se e nos pede paciência.

— Procure fazê-lo entender que nos arranje armas.

138

Mas naquele instante, Bedar ocultou-se ao ver que alguém se aproximava. Era um dos homens que no dia anterior acompanhavam o *subadhar*.

Os dois hindus observaram atentamente as janelas e os muros da torre. Saltaram de novo a muralha, desaparecendo do outro lado.

— Vieram verificar se não tínhamos arrancado as grades ou derrubado a parede — disse Sandokan. — Mau sinal!

Os ferrolhos rangeram naquele momento, e a pesada porta abriu-se. Apareceu então o *subadhar* escoltado por quatro siques trazendo carabinas, e outros dois trazendo cestas.

— Como passaram a noite, senhores? — perguntou com ironia.

— Muito bem — respondeu Sandokan. — Mas devo dizer-lhe que costumamos tratar nossos prisioneiros com menos cortesia, mas com mais comodidade.

— O senhor tem razão ao queixar-se, senhor — replicou o *subadhar*. — Mas achei que não iriam passar a noite aqui, pois iríamos fuzilá-los antes disso.

— Fuzilar-nos? — exclamaram a uma só voz Yáñez e Sandokan.

— Era o que eu pensava — disse o hindu.

— E qual a explicação para fuzilar estrangeiros que não lhes causaram mal algum? Do que nos acusam?

— Eu não posso responder-lhe, senhor — replicou o hindu. — Quem manda aqui é o general Abu-Assam. E me parece que alguém pressionou-o para que sejam fuzilados o mais rápido possível.

— Sabe quem foi? — perguntou Tremal-Naik.

— Não.

— Pois foram esses tugues miseráveis, fanáticos infames que desonram a Índia e a vocês todos, que cometem um grande erro, acolhendo-os sob sua proteção.

O *subadhar* guardou silêncio, mas notava-se sua impaciência.

— Se nós os atacamos em sua guarida, é porque eles raptaram minha filha — disse Tremal-Naik. — Estávamos convencidos que prestávamos um grande serviço à Índia, mas vocês, como recompensa, querem nos fuzilar. Comunique a seu general que Suyodhana não é um soldado que luta para libertar seu país, mas sim um assassino cruel!

— Basta! — disse o *subadhar*. — Eu não vou dizer nada disto. Meu dever é obedecer, e nada mais.

E em seguida voltou-se para seus homens, ordenando-lhes que deixassem no chão a comida, e saiu do aposento, fechando a porta atrás de si.

— Por Júpiter! — exclamou Yáñez. — Esse demônio quase me tirou o apetite! Podia dizer isto tudo mais tarde!

— Pelo que vejo, esses tugues malditos são mais poderosos e fortes do que eu imaginava — comentou o chefe pirata.

— Temos que encontrar uma maneira de sair daqui o quanto antes.

— Sim — concordou Yáñez, — mas depois de comermos algo. Com o estômago cheio pensa-se melhor.

— Que sangue-frio! — exclamou Tremal-Naik. — Nada o desconcerta ou desanima!

— É melhor olhar a situação com menos paixão — respondeu o português, soltando uma gargalhada. — Eles já nos fuzilaram? Não. Então...?

E em seguida abriu as cestas, encontrando ali pãezinhos, antílope assado, um guisado de arroz com peixe, e uma garrafa de vinho, além de charutos.

Yáñez acabara de fincar os dentes num dos pães quando, de repente, soltou um gritou e levou a mão à boca.

— Bandidos! Por pouco não quebrei um dente!

Então pegou o pão, partiu-o em dois pedaços e, para grande surpresa de todos, encontrou em seu interior uma bola de metal, que trazia em seu interior uma mensagem.

— De que se trata? — impacientou-se Sandokan.

Yáñez não respondeu. Desenrolou o papel com grande cuidado, com medo de rasgá-lo, e distinguiu uns caracteres azuis.

140

— Isto está escrito no idioma indiano — disse. — Tome, Tremal-Naik. Leia.

— Aqui diz: "Esperem até o cair da noite" — leu o bengali.

— Mais nada? — perguntou o chefe pirata. — Nem sequer uma assinatura?

— Nada.

— Quem terá mandado este bilhete?

— Só pode ser uma pessoa: Bedar.

O dia transcorreu na maior monotonia. Ninguém apareceu na prisão. Só os dois misteriosos hindus, com os grandes turbantes e o rosto oculto, que realizaram a misteriosa inspeção já realizada pela manhã.

O sol se punha quando o *subadhar* apareceu novamente, seguido de sua escolta e de outros dois homens, que traziam o jantar.

— Já se convenceram que não somos espiões dos ingleses? — perguntou Sandokan, ao vê-lo aparecer.

— Pelo contrário — respondeu o oficial.

— Nesse caso, irão nos fuzilar ao amanhecer? — perguntou Yáñez, com voz absolutamente tranquila.

— Não sei. No entanto...

O oficial olhava para os prisioneiros. Tanta serenidade em homens que iam morrer era de se admirar.

— Vocês irão nos fuzilar sem sequer um julgamento? — inquiriu Sandokan.

— Creio que sim.

— E que provas o general tem contra nós?

— Parece-me que alguém interveio neste caso.

E o oficial, dirigindo-se para a porta, completou:

— Descansem o quanto puderem, e comam. A comida é abundante e variada. Tem também uma torta, enviada por um sipaio chamado Bedar.

— Agradeça-lhe por nós — disse Yáñez. — E diga-lhe que a comeremos com prazer.

142

Assim que o oficial fechou a porta, Sandokan abriu a cesta e tirou do seu interior uma linda torta em forma de torre, rodeada de abacaxis com um lindo tom amarelo-dourado.

— Por Júpiter! — exclamou Yáñez, assombrado. — Nunca pensei que os hindus fossem tão hábeis doceiros.

— Bedar é um homem esperto — disse o bengali.

Suspeitando que dentro da torta havia algo oculto, Sandokan afastou os abacaxis com cuidado.

— Já imaginava! — exclamou, surpreso.

Aquela espécie de torre estava completamente vazia por dentro. Em seu interior havia um rolo de corda de seda, delgada porém muito resistente, três facas e quatro serras.

A última coisa que Sandokan retirou foi um pedaço de papel, onde estavam escritas algumas frases.

— O que está dizendo? Leia — disse, entregando o papel a Tremal-Naik.

— Que à meia-noite devemos descer ao recinto atrás da muralha, onde ele irá nos esperar, e que já tem um elefante preparado para a fuga.

— Iremos pagar-lhe com juros este favor, se conseguirmos nos salvar — disse Sandokan.

Depois, distribuíram as serras e ocuparam-se em serrar as grades das janelas.

XV

UMA PERSEGUIÇÃO IMPLACÁVEL

Depois de comer rapidamente e de assegurar-se que não eram vigiados, os malaios começaram a limar com fúria as grades de uma das janelas.

A fim de evitar que alguém escutasse o barulho, Sandokan, Tremal-Naik e Yáñez cantavam em voz alta, se bem que isto era desnecessário, já que na torre não havia ninguém.

Bedar não devia encontrar-se muito longe dali, pois já haviam escutado três vezes um assobio agudo, que parecia vir do tamarindo.

Pouco depois da meia-noite arrancaram a última barra de ferro.

— O caminho está livre! — anunciou o chefe pirata. — Só precisamos amarrar a corda e jogá-la do outro lado!

— E pegar estas barras, que podem ser muito úteis no caso de sermos atacados — acrescentou Yáñez.

— Pensei mesmo em levá-las — respondeu Sandokan.

E pegando a corda, desenrolou-a, lançando-a para o exterior, atando-a firmemente na grade de outra janela.

Colocou uma das facas na sua cintura, passou através da janela e começou a descer na corda com rapidez.

— Vocês — advertiu a seus companheiros, — fiquem na retaguarda.

— Ninguém entrará aqui até que tenham descido todos! — disse Yáñez, pegando uma das barras e colocando-se atrás da porta.

— Ficarei a seu lado — acrescentou Tremal-Naik.

— Por Júpiter!

— O que foi?

— Creio que alguém está vindo! — respondeu o português.

Não demoraram a escutar a voz do *subadhar*, ao mesmo tempo que um raio de luz infiltrava-se por debaixo da porta.

— Forcem a porta para impedi-los de entrar!

— É melhor acabar de vez com esse homem — propôs Sandokan, entrando de novo na cela.

Mas Yáñez, que não perdia nunca sua serenidade e fleuma habituais, respondeu em voz baixa:

— Deixe-me agir, irmão! Deitem-se todos, finjam dormir! Uma luta, agora, botaria tudo a perder!

— Certo! — concordou o chefe pirata.

Quase não tiveram tempo de estender-se ao longo de uma das paredes, quando o *subadhar* entrou com uma lanterna nas mãos. Acompanhavam-no vários soldados empunhando baionetas.

Yáñez levantou-se, fingindo mau-humor.

— Por acaso não vamos poder dormir na última noite que nos resta de vida? — disse. — O que quer agora, senhor oficial? Repetir que amanhã cedo irá nos fuzilar? Esta notícia é velha!

— Vim para dizer-lhes que o general condenou-os à morte, e deseja saber se querem alguma coisa.

— Diga a esse inconveniente que só queremos dormir! Está vendo? Meus companheiros estão roncando já, e nem sequer tomaram conhecimento de sua visita.

O *subadhar* escutou aquelas palavras com grande assombro.

— O senhor os advirta que...

— Amanhã seremos fuzilados! Ande, vá para o inferno!

Depois de dizer isto, Yáñez deitou-se bocejando, e sem cessar de praguejar. O oficial ficou perplexo por alguns momentos, e ao ver que nenhum daqueles homens se preocupava com sua presença, partiu.

— Que você adoeça de cólera, sem-vergonha! — disse Yáñez, voltando a levantar-se. — Esse bandido acha que vai nos fuzilar!

— Seu sangue-frio e sua prudência valem mais que minha violência — disse Sandokan. — Se eu o tivesse atacado com a barra, talvez tivesse botado tudo a perder, em lugar de nos salvar.

Rapidamente Sandokan escalou a janela, jogou a corda e deixou-se resvalar até tocar o chão, sem produzir o menor ruído. Com a barra na mão, olhou ao redor, mas não viu ninguém. Deu um leve assobio para anunciar a seus companheiros que não existia perigo algum.

Instantes depois Yáñez descia, seguido por Tremal-Naik.

— Onde estará Bedar? — perguntou Sandokan.

Nem bem fez a pergunta, quando viu uma sombra no recinto.

— Quem está ai? — inquiriu Tremal-Naik, sussurrando.

— Sou eu, Bedar!

— Tem mais alguém por perto?

— Não, mas devem apressar-se. Logo os tugues chegarão.

Depois de subir pela muralha do recinto, caminharam rapidamente atrás do sipaio na direção do bosque.

— Ali está o elefante que aluguei.

— Onde irá nos levar?

— Primeiro daremos uma volta para fazê-los perder nossa pista, depois poderão entrar na cidade, o que não será difícil, porque a vigilância não é muito grande.

— Pode esclarecer-nos o que disse a respeito dos tugues?

— São esses dois hindus que andam com os rostos cobertos. Foram eles que reconheceram os senhores, e pediram ao general que os fuzilasse, ameaçando-o de fazer com que todos os seguidores da deusa Kali abandonassem a rebelião, caso não fossem atendidos.

— E, naturalmente, Abu-Assam aceitou esta imposição!

— Os estranguladores ainda são muito poderosos, e em Délhi existem muitos deles. Depressa, senhores! Temo que nos sigam!

— Quem?

— Os tugues. Sei que vigiam os senhores atentamente.

Caminharam depressa e não tardaram em alcançar o bosque, por onde caminharam durante um bom tempo, até chegarem a um pequeno clarão, no meio do qual movia-se um corpulento paquiderme.

— Aqui está o elefante! — apontou Bedar.

O homem que estava diante do paquiderme saiu ao seu encontro, dizendo:

— Dois homens vieram a pouco perguntar-me quem eu estava esperando.

— Usavam grandes turbantes?

— Sim. E o rosto coberto.

— São os malditos tugues! — informou Bedar aos fugitivos. — Senhores, subam depressa ao *houdah*.

— Virá conosco, Bedar? — perguntou Tremal-Naik.

— Sim, para facilitar-lhes a entrada na cidade — respondeu o valente sipaio. — Irei atrás do cornaca.

Sandokan e seus amigos montaram no animal, e ao fazê-lo, viram, com grande alegria, uma dezena de fuzis apoiados contra as bordas.

— Pelo menos poderemos nos defender! — exclamou Sandokan, pegando um fuzil e engatilhando-o.

— E aos nossos pés temos munição abundante — acrescentou Yáñez. — Bravo, Bedar! Calculou tudo perfeitamente!

— Em marcha, *Djuba*! — disse o cornaca. — Ande depressa se quer uma ração dupla de açúcar.

O elefante agitou a tromba para os lados, aspirou ruidosamente o ar e partiu velozmente, fazendo tremer o solo sob seu gigantesco corpo.

Mas não haviam avançado nem vinte passos quando, do meio de um matagal, dois tiros ressoaram.

— Pare! Pare!

Sandokan sentiu que uma bala passava bem perto de sua cabeça.

— Miseráveis! — exclamou. — Disparem, amigos!

À sua ordem seguiu-se uma descarga, mas tudo continuou no mesmo silêncio. Certamente, os homens que haviam atirado, acreditando que os fugitivos também levavam carabinas, haviam-se agachado para protegerem-se do disparo.

— Siga adiante, cornaca! — gritou Bedar.

— Não se preocupe, patrão! — respondeu o condutor, dando um forte golpe na cabeça do elefante.

Então se ouviu na escuridão uma voz que disse:

— Bedar é o culpado! Ele que arrumou tudo para a fuga! Logo o pegaremos!

O paquiderme avançava com rapidez, derrubando com seu tamanho algumas árvores pequenas que se opunham à sua passagem.

Yáñez, que se agarrava fortemente à borda do *houdha* para não cair, comentou:

— Se este elefante mantiver esta velocidade, dentro de uma hora estaremos bem longe!

— Os tugues tentarão nos perseguir? — perguntou Tremal-Naik a Bedar.

— É bem provável — respondeu o sipaio. — Mas a estas horas já levamos uma boa vantagem.

— Há elefantes no acampamento?

— Sim, vários.

— Nesse caso tentarão nos alcançar — comentou Sandokan.

— Naturalmente, porque com cavalos seria impossível fazê-lo — disse o sipaio. — Esse foi o motivo pelo qual adquiri uma centena de balas com ponta de cobre.

— Para derrubar os elefantes?

— Sim, sahib.

O paquiderme avançava naquele momento com maior facilidade, graças ao fato do bosque ir-se tornando menos espesso. O animal devia possuir uma resistência extraordinária, porque não diminuíra sua velocidade, apesar de já estar há mais de uma hora correndo. Por fim, adentrou em uma extensa planície, interrompida somente por alguns bambus de grande altura.

— Onde nos encontramos? — perguntou Sandokan a Bedar.

— Ao norte de Délhi — respondeu o sipaio.

— E para onde nos dirigimos?

— Iremos entrar nas selvas que margeiam o Giumna. Ali esperaremos que nossos perseguidores se cansem de nos procurar.

— Talvez fosse preferível entrar direto na cidade — disse Sandokan a Tremal-Naik. — Gostaria de ter notícias de Sirdar.

— A prudência aconselha que atrasemos nossa entrada — respondeu o bengali. — Quando os tugues não nos encontrarem, farão muitas averiguações, e se formos pegos de novo, não teremos quem possa nos salvar.

— É verdade! — exclamou Yáñez. — Nem sempre se tem a sorte de encontrar a Bedar!

— Mas nem por isso deixaremos de entrar em Délhi — respondeu Sandokan.

— E no caso de Suyodhana já ter chegado, nós o faremos passar um aperto do qual se lembrará pelo resto da vida.

— O Tigre da Malásia enfrentará o Tigre da Índia, finalmente! — acrescentou Sandokan.

Naquele momento Bedar informou:

— O Giumna!

O largo rio cortava a planície. O elefante deteve-se com um movimento brusco ao vê-lo.

— Iremos atravessar? — perguntou Yáñez.

— Sim, sahib — respondeu o sipaio. — Na outra margem começa a selva.

— Se existe algum lugar para atravessá-lo, adiante! — ordenou Sandokan.

— O elefante encontrará o caminho.

Djuba esticou a tromba e afastou os galhos das árvores. Depois enfiou-a na água, e ficou parado alguns segundos, como se buscasse algo no fundo. O que o bicho fazia era assegurar-se que a passagem era segura.

Satisfeito com o resultado da investigação, o animal entrou bufando e resfolegando, resolutamente, na água.

O rio ia tornando-se cada vez mais profundo, e a correnteza mais violenta, mas o volume do animal era demasiado grande para que Sandokan e seus amigos corressem perigo.

O elefante seguia avançando, obedecendo como um cachorro às ordens de seu condutor.

Já estava quase alcançando a margem oposta, quando os fugitivos escutaram atrás de si gritos, seguidos de disparos de fuzil.

— Eles nos alcançaram!

— Por Júpiter! Esses homens devem ser verdadeiros demônios, só isso explica como já conseguiram nos alcançar!

— Não há dúvida de que se trata de nossos perseguidores.

— Sim, são eles, sahib — respondeu Bedar. — Montam três elefantes, os melhores do acampamento, certamente.

— E nossas pegadas são bem evidentes — observou Tremal-Naik.

— Não são difíceis de ver — respondeu Bedar. — A trilha que o elefante abre é uma pista bem clara.

Djuba cruzou o rio, chegando à outra margem, que era cheia de tamarindos e frondosos grupos de bambus.

Os três elefantes que os tugues montavam detiveram-se na margem oposta, como se buscassem uma outra passagem mais fácil.

— Vamos nos entrincheirar aqui! — exclamou Sandokan. — Vamos atacá-los no rio.

Bedar deu algumas instruções ao cornaca, que levou o elefante para ocultar-se na espessa mata de bambus.

Sandokan e seus companheiros desceram e recomendaram ao cornaca que não se afastasse. Então, voltaram ao rio e se emboscaram entre o mato.

— São muitos? — perguntou Yáñez ao sipaio.

— Uns trinta — respondeu Bedar.

— E onde estão, que não os vejo?

— Irão esperar pelo amanhecer. Sabem que estamos aqui, e têm certeza que irão nos alcançar.

Estenderam-se sobre o mato atrás da primeira fila de árvores, para resguardarem-se melhor dos disparos inimigos, e esperaram o ataque.

Às quatro da manhã as estrelas começaram a empalidecer, e uma luz tênue começou a difundir-se.

Sandokan não demorou a perceber que só se viam dois elefantes inimigos. Inquieto, perguntou-se onde poderia estar o terceiro animal.

— Devem tê-lo enviado para buscar reforços — respondeu Yáñez.

— Isso me preocupa — comentou Sandokan.

— Cuidado — advertiu Bedar. — Avançam contra nós!

Os dois elefantes desceram pela orla, excitados pelos gritos de seus condutores. Nos *houdhas* iam dez homens, e atrás, agachados, outros quatro. Eram, no total, trinta homens bem armados.

O Tigre da Malásia mirou com precisão e disparou contra o primeiro elefante, acertando em algum ponto vital, porque o paquiderme deu um berro terrível e caiu de lado no rio.

Os hindus que iam sobre o animal caíram mortos ou feridos pelos disparos de Tremal-Naik e dos malaios.

Yáñez, por sua vez, apontou para o segundo elefante e descarregou sua carabina com grande precisão.

— Magnífico disparo, irmão! — exclamou o chefe pirata.

— Colocou-o fora de combate.

O elefante, ferido de morte, caiu também pesadamente perto da margem, arremessando a grande distância os hindus que iam montados sobre ele.

Os piratas de Mompracem soltaram um clamor de triunfo, enquanto disparavam suas armas contra os rebeldes que tentavam alcançar a margem a nado, para fugir da morte certa.

— Basta! — gritou Yáñez. — Já receberam castigo suficiente! Não creio que voltarão a nos incomodar.

E já se dispunham a correr em direção à selva, quando escutaram uma voz que gritava:

— Socorro! Socorro!

— É o nosso cornaca!

XVI

A ENTRADA EM DÉLHI

Sandokan, Yáñez e seus companheiros pararam de correr ao escutarem aqueles gritos. Recarregaram suas carabinas apressadamente e esconderam-se atrás das árvores.

Não demoraram a ver o cornaca chegando. O pobre homem parecia desesperado, como se possuído por um terror indescritível. Olhava para trás sem cessar, como se temesse ser alcançado por alguém.

— O que foi! Diga-me! — falou Bedar.

— Está vindo um elefante montado por vários homens! — respondeu o cornaca, com a voz trêmula.

— Deve ser o elefante que faltava! — observou Sandokan. — Devem ter cruzado o rio mais adiante para nos atacar pelas costas.

— E onde eles estão?

— Perto de meu elefante! Se eles levarem Djuba, senhor, estarei arruinado!

— Não se preocupe com isso, amigo. Iremos recompensar as perdas que sofrer.

Adentraram por entre a espessa vegetação e chegaram até os grandes grupos de árvores, mas ainda sem ver o terceiro elefante.

— Onde estarão eles? — perguntou Sandokan.

— Talvez preparem uma emboscada! — considerou Yáñez.

— Vou ver se descubro algo — disse Bedar. — Esperem-me aqui. Logo voltarei.

Enquanto o sipaio internava-se no mato, Sandokan disse a seus companheiros:

— Estejam prontos para disparar. Pressinto que estes bandidos estão mais perto do que pensamos.

Segundos depois, bem perto dali, ressoou um disparo de fuzil. E outra vez escutou-se um grito de agonia.

— Miseráveis! — exclamou Sandokan, levantando-se de um salto. — Feriram Bedar! Ao ataque, tigres de Mompracem!

Naquele instante escutou-se o estalar dos galhos das árvores, e o sipaio apareceu com os olhos dilatados e o rosto lívido. Apertava o peito com ambas as mãos.

— Bedar! — exclamou Sandokan, correndo em sua ajuda.

O sipaio caiu em seus braços, dizendo com voz débil:

— Ali... escondidos! Sobre o elefante!...

E depois de voltar os olhos para Tremal-Naik, como para olhá-lo pela última vez, caiu morto sobre a grama.

— Temos que acabar com estes miseráveis! — bradou o Tigre da Malásia. — Ao ataque!

Os seis piratas, Tremal-Naik e o cornaca precipitaram-se na selva. Não demoraram a ver o elefante, e já abriram fogo sobre ele e sobre os tugues que o montavam.

Ao verem-se perdidos, os hindus que escaparam do tiroteio fugiram como lebres através da selva.

Terminada a luta, Sandokan e seus companheiros voltaram ao lugar onde jazia o sipaio, e ali mesmo o sepultaram.

— Descanse em paz! — murmurou Tremal-Naik, comovido. — Jamais esqueceremos o que fez por nós!

Montaram então no elefante e puseram-se a caminho. Djuba começou a correr, acelerando suas passadas o mais que podia.

Ao pôr-do-sol avistaram as muralhas de Délhi, mas só as nove da noite conseguiram entrar pela porta de Turcomán, a única que estava aberta. Os sentinelas não fizeram qualquer objeção.

Délhi é uma das mais belas e populosas cidades da Índia.

154

Os hindus de religião maometana a consideram sagrada. São tantas as maravilhas que encerra, que há uma inscrição dizendo: "Se existe um paraíso na terra, ele está aqui!"

Quando Sandokan e seus companheiros entraram na cidade, reinava uma grande animação. Mas o cansaço era tamanho, que decidiram ir descansar imediatamente.

— Amanhã procuraremos Sirdar — disse Sandokan.

Amanhecia quando despertaram. Os canhões ressoavam em todos os fortes de Délhi. E em todas as ruas reinava grande agitação. Revoltosos e cidadãos corriam para as muralhas, fortes e torres, pensando que os ingleses se preparavam para o assalto.

Sandokan e seus companheiros procuraram Sirdar inutilmente. Ele não fora visto em parte alguma.

— Vamos aguardar até a noite — disse Tremal-Naik.

— E se Suyodhana não tiver conseguido entrar na cidade? — perguntou Yáñez. — Se não tiver chegado ontem, agora, com Délhi cercada, será impossível que consiga entrar.

— Se isso acontecer... — exclamou Tremal-Naik. — Tudo estará perdido, e não terei minha filha de volta jamais.

— Nós a encontraremos — disse Sandokan. — Não abandonaremos a Índia até lhe devolver sua filha, e acabar com esse bandido!

Chegando a noite, assim que cessou o tiroteio, Sandokan mandou lançar, do alto da muralha de Cascemir, tal como fora combinado com o senhor De Lussac, um enorme turbante branco, no qual estava escondido um bilhete, dando-lhe a indicação de onde podiam ser encontrados. Esperaram então ao brâmane Sirdar, mas ele novamente não apareceu.

— Talvez amanhã tenhamos mais sorte — comentou Tremal-Naik. — Talvez algum imprevisto o tenha impedido de vir.

Mas Sirdar também não apareceu na noite seguinte. O que teria lhe acontecido?

O cerco à cidade era cada vez mais estreito, ocasionando muitas baixas em ambos os lados.

Aproximava-se o dia do grande ataque.

Em 11 de setembro de 1857 o forte dos Mouros caiu, depois de um vigoroso ataque desferido pelas forças de Sumno. No dia 12 os ingleses começaram a bombardear o forte de Cascemir, que cairia em poder dos britânicos no dia seguinte.

Depois de várias tentativas infrutíferas, as colunas inglesas, reorganizadas, decidiram atacar a cidade. O general Archibald Wilson, sucessor de Bernard, ordenou "matar e saquear", respeitando unicamente as mulheres.

Era evidente que aquela era a última noite que os revoltosos seriam capazes de resistir. Sandokan e seus amigos aproximaram-se, como sempre, das ruínas do forte de Cascemir, aguardando o brâmane, mas já não acreditavam mais que esse encontro fosse acontecer.

Estavam ali há várias horas quando, de um dos fossos laterais, surgiu uma sombra.

— Boa noite, sahibs! — disse-lhes.

Sandokan e seus companheiros soltaram uma exclamação de alegria ao reconhecer naquele homem o tão aguardado Sirdar.

— E Suyodhana?

— Já está aqui.

— Está com minha filha? — perguntou Tremal-Naik.

— Sim, está com sua filha, sahib.

— Vamos embora! — exclamou Sandokan. — Este não é o melhor lugar para conversarmos.

XVII

O Assalto a Délhi

O Tigre da Malásia e seus companheiros atravessaram quase correndo a esplanada que havia atrás dos escombros do forte. Minutos mais tarde encontravam-se em seu alojamento.

— Agora já pode falar com toda a tranquilidade e sem medo de que escutem — disse Sandokan. — Quando chegou à cidade?

— Ontem a noite, bem tarde. Por isso não apareci — respondeu Sirdar. — Atravessamos o rio desafiando as balas inglesas. Conseguimos nos salvar por um verdadeiro milagre.

— Por que não nos procurou antes? — perguntou Yáñez.

— Os revoltosos cortaram a linha de trem, e tivemos que alugar elefantes que nos levassem até Herut.

— O que não entendo é porque Suyodhana decidiu meter-se na toca do lobo — comentou Sandokan. — A cidade está a ponto de cair nas mãos dos ingleses.

— Estávamos entre dois fogos — respondeu Sirdar, — e já era muito tarde para empreender uma retirada. Tínhamos inimigos à frente e à retaguarda, e nossas alternativas eram sermos capturamos ou nos refugiarmos em Délhi. Mas, verdade seja dita, Suyodhana não pensava encontrar a cidade nesta péssima situação.

— E onde ele está agora? — perguntou Sandokan.

— Em uma casa, na rua Sciandini-Sciwok, perto da prefeitura.

— Qual é o número?

— Vinte e quatro.

— Por que pergunta o número — disse Tremal-Naik, — se Sirdar irá nos levar até lá?

— Já vai saber.

O Tigre da Malásia voltou-se para os malaios da escolta, que seguiam atentamente a conversa:

— Aconteça o que acontecer — disse-lhes, — vocês não abandonarão esta casa até que chegue o tenente De Lussac... É possível que a esta hora ele já saiba que estamos alojados neste bangalô, e venha nos encontrar. Se não tivermos regressado depois do ataque que os ingleses, seguramente, desferirão amanhã de manhã, diga-lhe que o esperamos na casa numero vinte e quatro da rua Sciandini-Sciwok. Fiquem atentos, porque suas vidas e as nossas podem depender disto. Agora, Sirdar, leve-nos até onde se encontra Suyodhana. Acha que ele estará sozinho?

— Os chefes mais graduados que o acompanham estão lutando nos bastiões.

— Então, vamos! A criança está com ele?

— Estava com ele há cerca de uma hora, senhor.

— Será possível entrarmos na casa sem que sejamos vistos?

— Tenho a chave do palacete, e as construções vizinhas estão abandonadas.

Sandokan pendurou um fuzil no ombro, colocou um grande punhal na cintura, e saiu do aposento seguido de seus amigos.

O estrondo da artilharia prosseguia nos fortes e muralhas. De vez em quando caía alguma bomba, lançada pelos ingleses, do outro lado dos bastiões.

Os defensores da cidade faziam um último esforço para romper as linhas inimigas, que já estavam quase debaixo dos muros. Aquela foi uma noite muito escura. Soprava um vento tormentoso e quente.

Sandokan e seus companheiros avançavam junto à parede, para evitar que algum projétil os alcançasse. Iam depressa,

158

atravessando as ruas completamente desertas. No entanto, as casas estavam iluminadas. Seus angustiados moradores escondiam suas fortunas a fim de livrá-las do saque, ou então levantavam barricadas para tentar opor alguma resistência.

De vez em quando cruzavam com combatentes arrastando peças de artilharia para colocá-las em locais menos protegidos.

Por volta das quatro da manhã, Sirdar deteve-se diante de um palacete em estilo árabe.

Todas as janelas, exceto uma, encontravam-se às escuras.

— Como poderemos entrar sem que nos vejam?

— Parece-me ter visto uma sombra atrás dos vidros, e creio que é ele — respondeu o brâmane. — O balcão é sustentado por colunas de madeira, e não será difícil subir até lá.

— Prefiro subir primeiro — disse Sandokan. — Vocês esperem aqui. Vamos, Sirdar!

— Tenha muito cuidado, Sandokan! — disse Tremal-Naik. — Talvez fosse melhor se eu o acompanhasse.

— Você tem uma filha, que precisa de você.

Depois destas palavras, Sirdar agarrou-se a uma das colunas que sustentavam o balcão e subiu sem fazer o menor ruído, metendo-se entre as cortinas que fechavam a balaustrada. Sandokan e seus companheiros o imitaram, e minutos mais tarde estavam outra vez reunidos.

Então, quando Tremal-Naik ia entrar em um dos aposentos, tropeçou em um jarro, derrubando-o.

— Maldição!

Imediatamente surgiu um vulto na janela. Deteve-se para examinar o terraço, e em seguida abriu a porta. Mas alguém o agarrou fortemente pelos pulsos, fazendo-o soltar a pistola que empunhava. Era Sandokan que atacava o Tigre da Índia.

Com um empurrão, Sandokan jogou Suyodhana no meio do aposento.

— Se der o alarme, eu te mato!

O chefe dos tugues ficou tão surpreso com aquele ataque, que não opôs resistência.

Mas quando viu aparecer, por detrás de Sandokan, a Tremal-Naik, Yáñez e Sirdar, soltou um grito de raiva.

— O pai da virgem do templo! Como chegou até aqui? O que quer?

— Vim para levar minha filha! Onde ela está?

O chefe dos estranguladores guardou o mais completo silêncio. Ficou imóvel alguns segundos, olhando para seus inimigos.

— São vocês que me declararam guerra?

— Sim, fomos nós que inundamos os subterrâneos de Raimangal!

— Quem é você, e o que deseja? — perguntou Suyodhana.

— Sou aquele que fez estremecer todos os povos das ilhas malaias e que veio aqui com a finalidade de destruir sua infame seita.

— E você pensa...?

— Que levarei sua pele e também a filha de meu amigo Tremal-Naik, que você raptou.

— Você se considera muito forte! E bem protegido...!

— Está enganado, o Tigre da Malásia lutará sozinho com o Tigre da Índia.

Um sorriso de incredulidade assomou aos lábios de Suyodhana.

— Uma vez que tenha acabado com você, os outros me atacarão — respondeu o chefe dos tugues. — Mas o pai das águas sagradas do Ganges saberá defender de vocês aquela que representa a deusa Kali.

— Bandido! — gritou Tremal-Naik, lançando-se sobre ele para agredi-lo. Mas Sandokan o deteve, e neste momento o chefe dos tugues aproveitou para abaixar-se e, com a velocidade de um raio, pegar a pistola que caíra ao chão.

Sem pronunciar uma só palavra, mirou o Tigre da Malásia e abriu fogo sobre ele a três passos de distância. No entanto, a excessiva rapidez com que havia apontado para o corpo de seu inimigo o fez errar o disparo.

160

Sandokan, empunhando o longo punhal que trazia à cintura, exclamou:

— Venha, traidor! Miserável, gostaria de matá-lo a sangue-frio, mas prefiro lutar!

Suyodhana então deu um formidável salto e colocou-se diante da porta que devia dar acesso ao quarto da pequena Damna.

— Para entrar aqui terá que passar sobre o meu cadáver!

Na mão direita do chefe dos tugues brilhava uma espécie de *tarwar* de lâmina ligeiramente curvada, e quase tão longa quanto a do punhal de Sandokan, que gritou:

— Que ninguém se meta! Vamos, Suyodhana!

— Você primeiro, depois Sirdar! — respondeu o chefe dos estranguladores com voz sombria. — Maldito traidor! Não irá se livrar de seu castigo!

Rapidamente os dois homens colocaram-se em guarda, agachados, dispostos a saltar. Ambos levantaram os punhais à altura do peito.

Durante alguns segundos reinou o mais completo silêncio no aposento.

Enquanto isso, Yáñez, apoiado em um enorme jarro de porcelana, contemplava a cena sem deixar transparecer a menor preocupação. Sirdar, agachado em um canto da sala, empunhava seu *tarwar*, disposto a intervir no momento que considerasse oportuno.

Do outro lado, Tremal-Naik, extremamente nervoso, mexia o dedo junto ao gatilho de seu fuzil, com a intenção de não deixar o tugue escapar, apesar do que dissera Sandokan.

Os dois inimigos se encararam. Então o Tigre da Malásia, vendo que seu inimigo não dava sinal algum de atacar, lançou-se sobre ele, tentando tocar-lhe em alguma parte vulnerável do corpo.

Suyodhana esquivou-se da acometida dando um pequeno salto, aparando o punhal de Sandokan com a ponta de seu punhal. Então deu um salto, e ficando de pé, tentou acertar-lhe uma punhalada. Mas ao realizar aquele movimento, escorregou, caindo de joelhos.

Antes que o chefe dos estranguladores tivesse tempo de levantar e colocar-se em guarda, o punhal do Tigre da Malásia acabou com ele.

O tugue permaneceu alguns instantes olhando seu inimigo com os olhos cheios de ira e ódio. Depois tombou.

O Tigre da Índia estava morto. Ao vê-lo cair, Yáñez e Tremal-Naik precipitaram-se ao quarto vizinho, onde em uma luxuosa cama a menina dormia.

Imediatamente seu pai a tomou nos braços, estreitando-a com toda a ternura.

— Minha pequena Damna! Damna! — gritou.

— Papai! — murmurou a pequena, fixando seus olhos azuis no bengali.

Um estampido formidável sacudiu, naquele momento, a casa. E então a intensa gritaria e as descargas de artilharia aumentaram de modo espantoso.

Sandokan, que saíra ao balcão para ver o que estava acontecendo, exclamou:

— São os ingleses!

— Derrubaram os últimos bastiões!

Não havia a menor dúvida. Eram os ingleses que acabavam de entrar na cidade. Haviam tomado as máximas precauções para um ataque geral, e ao clarear do dia lançaram-se sobre a cidade, depois de manterem uma sangrenta luta diante da porta de Cabul, onde os invasores perderam muitos homens, vários deles oficiais, e que resultara no ferimento do general Nickaelson.

Sandokan, que do balcão via avançar vários esquadrões, gritou a seus companheiros:

— Vamos! Se os ingleses nos pegarem, não poderemos nos salvar, nem com o salvo-conduto do governador! Vamos tentar chegar até o bangalô! Cubra Damna com uma manta e vamos rápido!

162

Desceram rapidamente as escadas. Atrás do palacete havia um extenso pátio que dava para dois jardins.

Sandokan ordenou:

— Saltaremos o muro e nos esconderemos no meio das plantas!

E já iam fazer isso quando, de repente, a porta veio abaixo e uma onda de fugitivos, mulheres e crianças em sua maioria, precipitou-se dentro do pátio, lançando gritos de desespero.

— Já não há mais tempo! — exclamou Sandokan, empunhando o fuzil. — Será difícil conseguirmos sair daqui agora!

Em todas as partes escutavam-se as descargas. Os rebeldes combatiam desesperadamente, e as mulheres e crianças fugiam em massa para livrarem-se da matança promovida pelos ingleses.

Então alguns soldados da cavalaria, agitando os sabres, entraram no pátio.

— Matem todos! Matem!

Sandokan deu um salto e colocou-se entre os soldados ingleses e os fugitivos, que gemiam e choravam amontoados num canto do pátio. Com enorme serenidade apontou sua carabina para aqueles que se dispunham a matar aqueles desgraçados.

— Quietos! — exclamou. — Vocês são a desonra do exército inglês! Quietos ou eu os mato como a cães!

— Rápido! Liquide estes miseráveis! — ordenou o sargento.

— Tenha cuidado! — disse Sandokan. — Temos um salvo-conduto do governador de Bengala, e nos defenderemos se vocês atacarem!

— Atirem neles! — ordenou o sargento, sem fazer caso daquelas palavras.

E já iam lançar seus cavalos contra os piratas, quando um oficial, escoltado por uma dezena de soldados, entrou no pátio.

— Quietos, todos! — gritou.

Aquele oficial não era outro senão o tenente De Lussac, que recebera, pelos malaios, a mensagem de Sandokan.

163

Depois de desmontar, apertou a mão de Sandokan e de seus companheiros, e voltando-se para o sargento, disse:

— Saia daqui! Estes homens prestaram à sua nação um serviço tão grande, que vocês nunca conseguirão pagá-lo! Vá e lembre-se que somente bandidos e covardes matam mulheres e crianças!

E assim que o sargento e seus soldados saíram precipitadamente do pátio, mandou fechar o portão.

— Meus amigos — disse, — devemos esperar que a luta termine. Estou aqui para defendê-los.

— Já não temos mais nada para fazer aqui! — disse Sandokan. — Agora só quero sair deste país.

— Iremos amanhã, se os saques e a matança tiverem terminado — respondeu De Lussac. — Pobre cidade de Délhi...! Quanto sangue derramado. O exército inglês vai enterrar aqui sua honra!

Conclusão

As terríveis matanças na cidade de Délhi prolongaram-se durante três dias, e arrancaram um grito de indignação, não somente nas nações restantes da Europa, mas inclusive na própria Inglaterra.

Os hindus, ao conhecerem a sorte que os aguardava, disputaram terreno palmo a palmo, lutando com desesperado valor nas ruas, nas casas, nos pátios, dentro e fora das fortificações e nas margens do Giumna.

Durante algum tempo os revoltosos conseguiram manter o palácio real, a fortaleza de Selinghur e outros edifícios.

E foram nestes pontos que opuseram tão tenaz e heroica resistência, que merece passar à história pelos muitos matizes legendários que aquela luta se revestiu.

Na noite de 17 de setembro os ingleses abriram uma brecha em um dos muros do pátio dos armazéns do palácio, e apesar de estar bem fortificado, conseguiram entrar ali.

O palácio imperial era defendido por cento e vinte canhões. Mas ali caíram todos os defensores, inclusive os filhos do imperador, que morreram enfrentando o inimigo, armas em punho.

Pouco depois a bateria de Kissengange, formada por setenta e cinco canhões, o último baluarte dos insurgentes, foi destroçada sob o formidável fogo das peças de grosso calibre da artilharia inglesa.

Todos os que combateram ali sofreram a mesma sorte dos homens que estavam no palácio imperial.

A prefeitura caiu naquele mesmo dia. E cento e cinquenta hindus, entre os quais vários membros da família imperial, que haviam se rendido com a condição e sob a palavra de terem a vida perdoada, eram fuzilados ou enforcados em frente ao edifício.

Por fim, no dia 20 os ingleses já eram donos absolutos da cidade de Délhi.

Aquelas espantosas e sangrentas cenas que se sucederam foram o expoente da mais atroz violência que jamais se levou a cabo por pessoas de países civilizados.

No dia 24 de setembro, Sandokan e seus companheiros, depois de receberem permissão do general inglês Wilson, saíram da infortunada cidade de Délhi.

De Lussac, enojado com tanta barbárie, pediu a seus superiores permissão para acompanhar seus amigos até Calcutá, o que obteve.

Finalmente, duas semanas mais tarde, Sandokan, Yáñez, Tremal-Naik, a pequena Damna e a bela Surama, subiram a bordo do parau *Mariana* e zarparam rumo à distante ilha de Mompracem.

Antes, no entanto, haviam recompensado ricamente ao brâmane Sidar, e abraçado emocionados o valente oficial De Lussac, que tanto os ajudara naquela perigosa aventura.

A linda bailarina Surama, por sua vez, havia conquistado completamente o coração de Yáñez, e quis seguir a seu lado.

Também iam para Mompracem o tigre Darma e o cão Punthy.

Que aventuras esperam agora o Tigre da Malásia e seus amigos?

166

A presente edição de OS DOIS RIVAIS de Emilio Salgari é o Volume de número 4 da Coleção Emilio Salgari. Impresso na Del Rey Indústria Gráfica & Editora, à Rua Geraldo Antônio de Oliveira, 88 - Contagem - MG, para Villa Rica Editoras, à Rua São Geraldo, 67 - Belo Horizonte - MG. No catálogo geral leva o número 02836/6B . ISBN. 978-85-7344-531-9.